Topsy Küppers

Wenn dein Leben trist ist – erleuchte es mit Humor!

Erlebtes – Erhörtes – Erdachtes ...

Für meine Tochter Sandra

Topsy Küppers

Wenn dein Leben trist ist – erleuchte es mit Humor!

(Jüdischer Spruch)

Erlebtes – Erhörtes – Erdachtes ...

Ibera

Die Deutsche Bibliothek – CIP-Einheitsaufnahme
Küppers, Topsy:
Wenn dein Leben trist ist – erleuchte es mit Humor! / Küppers, Topsy.
1. Aufl. Wien : Ibera-Verl., 2009
ISBN 978-3-85052-273-1

1. Auflage

Coverbild und Entwurf: Dr. Roger Stein,
Herstellung: CPI–Moravia Books, Korneuburg

ISBN 978-3-85052-273-1

www.ibera.at

INHALT

VORWORT

Ich danke Ihnen, dass Sie sich für dieses offenherzig-heitere Buch entschieden haben! Zur Einstimmung lesen Sie bitte das folgende Gleichnis. Diese uralte jüdische Begebenheit hat mir schon oft geholfen, eigenartige Menschen, oder Situationen, besser zu verstehen.
In einem kleinen Stettl, abseits der großen Städte in der Ukraine, lebte ein kluger Rabbiner. Er hatte seiner kleinen Gemeinde immer gepredigt, dass die Juden das Volk des Buches seien. Deshalb waren alle in Talmud und Thora belesen, aber was außerhalb dieser Gedankenwelt vor sich ging, das wusste niemand.
Der Rabbi entschloss sich, seine drei begabtesten Schüler nach Berlin zu schicken, damit sie dort studieren und Erfahrungen über die Bevölkerung sammeln. Danach sollten sie zurückkommen und über das Erlebte berichten. Die ganze Gemeinde sammelte das Geld für Reise, Kost und Logis, und die drei machten sich auf den Weg.
Nach zwei Jahren kommen sie zurück, und die ganze Gemeinde strömt in die Synagoge, um ihre Berichte zu hören.
Der Rabbi tritt vor, und sagt:
„Berichtet – wir lauschen …“
Der erste Student tritt vor, und beginnt:
„Verehrter Rebbe, liebe Gemeinde! Also dieses Berlin – grauenhaft! So eine sündige Stadt gibt es kein zweites Mal. Die Frauen gehen aufreizend gekleidet – die Männer gehen auf die Seite (ihr wisst, was ich meine?), man hält keinen Shabbes und isst – der Gerechte wird sie strafen – nicht koscher …“

Alle Gemeindemitglieder seufzen und schütteln die Köpfe. Sie können es nicht fassen. Dann tritt der Zweite vor:
„Verehrter Rebbe, liebe Gemeinde! Ich muss sagen, die Menschen in Berlin denken nur an die drei großen **G:** *Geld – Gold – Grund. Dafür studieren sie, hausieren sie, lügen und betrügen sie."*
Das Seufzen der Gemeinde steigert sich in laute Ausrufe:
„Deshalb haben wir euch dorthin geschickt?! Um das festzustellen, haben wir euch unser schwerverdientes Geld gegeben!? Ihr wart in einem Sündenbabel!"
„Ruhe! Ruhe!", ruft der dritte Student und verneigt sich vor dem Rebbe.
„Ich kann berichten – Berlin ist eine fromme, hochanständige Kille! Man hält alle Gesetze, man spendet für die Armen, die Männer leben für Talmud, Thora, und die Frauen für die Familie."*
Über dieses Lob über Berlin bricht ein Tumult los. Alles schreit durcheinander:
*„Unverschämtheit! Ihr haltet uns wohl für meschigge!** Rabbi, was sagt Ihr? Wer lügt? Was ist die Wahrheit? Wer von den dreien hat Recht?!"*
Der Rabbi schweigt und klärt. Dann erhebt er sich und sagt:
„Niemand lügt – jeder hat Recht. Jeder hat das gesehen, was er sehen wollte."

Und in diesem Sinne hoffe ich, dass auch Sie alles das lesen werden, was Sie lesen wollten.

Topsy Küppers

---
* Jüdische Gemeinde ; ** beschränkt, verrückt

WAHRE MAYSSES*

Politik ist die Kunst, den Menschen das auszureden,
was ihnen andere eingeredet haben.
Jacob Lorenz

Ein einfallsreicher israelischer Politiker begann seine Rede vor der EU mit folgenden Worten:
„Sehr geehrte Delegierte, meine Damen und Herren!
Bevor ich Ihnen mein Statement zum israelisch-palästinensischen Konflikt zur Kenntnis bringe, erlauben Sie mir, Ihnen etwas über Moses zur Kenntnis zu bringen …

Als Moses den Felsen mit seinem Stock anschlug und eine Quelle heraus sprang, dachte er sich: Was für eine gute Gelegenheit, eine kleine erfrischende Dusche zu nehmen. Er legte sein langes Gewand ab und genoss das kühlende Nass in der Hitze der Wüste.
Da bemerkte er, dass sich ein Palästinenser anschlich und mit seinem Rock davon rennen wollte. Er packte den Araber, beutelte ihn und schrie ihn an:
‚Unverschämter Dieb!‘
Der Palästinenser wand sich wie ein Aal und jammerte:
‚Was willst du von mir? Hier war noch nie ein Palästinenser!‘“
Der israelische Politiker wandte sich lächelnd an das Publikum und sagte:
„Nachdem ich *das* geklärt habe, bitte ich um Ihre Aufmerksamkeit für mein Statement.“

---

* Geschichten

An der Klagemauer in Jerusalem steht ein Jude und klagt und weint:
*„Allmächtiger, ich will zu meiner Mischpoche!**
Ich bitte Dich, lass mich zu meiner Mischpoche!“
Sein neben ihm betender Nachbar legt ihm mitfühlend die Hand auf die Schulter.
„Armer Freund, wo sind denn Ihre Verwandten?“
Der andere schluchzt auf:
„In Monte Carlo!“

ꙮ

In Israel gehört Schlagfertigkeit zur Umgangssprache. Auch behördlich werden Schilder genehmigt, die nicht der verqueren Beamtensprache entsprechen.
Der kleine Zug, der von Tel Aviv nach Haifa fährt, hatte jahrelang bemerkenswerte Türschilder. Leider wurden sie von „Liebhabern“ immer wieder abmontiert, bis man schließlich ganz auf sie verzichtete.

Zum Vergleich: Warnung in einem deutschen und dem israelischen Zug.

Deutschland:	Israel:
Es ist verboten, mit dem Fahrer zu sprechen!	*Ausgerechnet mit dem Fahrer müssen Sie sprechen?*
Beim Aussteigen:	Beim Aussteigen:
Rechte Hand am rechten Griff!	*Halten Sie sich, aber halten Sie sich fest!*

* Jüdisch: Familie

Es ist verboten, aus dem fahrenden Zug zu springen!

Springen Sie – Sie werden schon sehen!

Auf der Einstellung für die Heizung.

Warm< >Kalt

Ein Spaßvogel hatte W + K durchgestrichen

Fritz Grünbaum im KZ zu Karl Schnog: „*Tot müsst man sein – das wär' a Leben!*"

Auf einem Marktplatz in einem Stettl in Polen trifft der Rabbi den Propheten Elias.
Es ist ein Feilschen, Gewurrle und Gedeigeze* in der Menschenmenge. Der Rabbi fragt den Propheten:
„*Ehrwürdiger Elias, wer von all diesen Menschen hat wohl das meiste Anrecht auf die himmlische Glückseligkeit? Vielleicht jener Fromme, der dreimal täglich das Bethaus besucht?*" – und er weist auf einen ernsthaften Menschen im langen Kaftan mit Streimel** und Schläfenlocken – „*Oder vielleicht diese achtbare Witwe, die ihre drei Kinder ernährt, indem sie von früh bis spät als Wäscherin arbeitet?*"
Der Prophet Elias schüttelt den Kopf, hebt die Hand und zeigt auf einen Spaßmacher.

* Jüdisch: Gerede ; ** Zobelverbrämter Hut der Frommen

Isaac Hameri besitzt eine kleine, feine Imbiss-Stube Ecke Hayarkonstreet und Rechov Mendel in Tel Aviv. Das Lokal heißt *„Der gedeckte Tisch“*, in Anlehnung an den Schulchan Aruch*, denn Isaac ist ein frommer Mann.
Doch obwohl sich auf der anderen Straßenseite ein schickes Hotel an das andere reiht, obwohl er seine Speisen auch zum Mitnehmen anbietet, obwohl der Strand nur fünf Gehminuten entfernt ist – das Geschäft wollte kein geschäftlicher Erfolg werden. Isaac saß vor seinem pieksauberen Laden und beobachtete die Passanten. Weder diese noch die Touristen, die aus den Hotels spazierten, würdigten sein Lokal eines Blickes. Isaac klärte: Wenn niemand an seinem Humus und Trina, an seiner Pitah und der unerreicht guten gehackten Leber interessiert war, musste etwas falsch sein. War es die Qualität? Mitnichten – alles „strictly koscher“ und bestens zubereitet. War es das Lokal? Schon gar nicht. Hatte nicht Geula, seine goldene Hälfte, nicht in langen Nächten hellblaue Tischtücher im Israel-Blau genäht? Oder war er es selbst, der bewirkte, dass keine Gäste in sein Lokal strömten? Zugegeben, er war nicht der Schönste, aber sein weißes Hemd war täglich so frisch wie der Meerrettich mit geriebenen roten Rüben, der in kleinen Schalen auf allen Tischen stand und der kostenlos zum Würzen angeboten wurde. Nein, er konnte sich und Geula keine Schuld geben. Hatten die anderen Schuld? Jene, die lieber ein zweifelhaftes Falafel beim Araber in sich hineinstopften? Aber – wie bereits erwähnt – Isaac

* „Der gedeckte Tisch“, ein Buch von Josef Karo über jüdische Ritualgesetze (Erstausgabe Venedig 1564)

war ein frommer Mann und wusste, dass man immer zunächst die Schuld bei sich selbst suchen muss. Er wusste auch, dass man jedes Problem bis zum Ende durchdenken muss. Und was stand meistens am Ende? Die Erkenntnis: *„Selber schuld!"* Er blickte zum Himmel. *„Gott, der Gerechte, was tun!?"* Sein Blick streifte das Äußere des Hauses. Minutenlang blickte er auf das Schild *„Der gedeckte Tisch"*. Seine Augen verengten sich, dann sprang er auf: *„Geula, ich hab' einen wichtigen Weg, achte auf's Geschäft!"*
Am nächsten Tag leuchtete ein neues Schild über dem Eingang der Imbiss-Stube: *„Drei gedeckte Tische!"* In jede Ecke des Schildes hatte der Maler einen Tisch gezeichnet. Die Tische waren ein wenig schief geraten, aber sie leuchteten in dekorativem Israel-Blau auf goldgelbem Grund.
Schon nach kurzer Zeit blieb ein Tourist mit seiner Frau stehen und erklärte Isaac, dass auf seinem Schild ein Fehler sei. Das Lokal heiße: Drei gedeckte Tische, aber es zeige vier Tische, wieso und warum? Nun, er wäre nicht Isaac Hameri, wenn er es nicht verstanden hätte, den Mann in sein Lokal zu bitten, und während er ihm wortreich erklärte, dass dreieckige Schilder unschön und dass er nur drei Tische in seinem Lokal habe, dass aber gerade darum seine Küche dem Prinzip Qualität statt Quantität entspreche, kam Geula bereits mit einem Tablett und bot feine Appetithäppchen an. Die Touristen waren begeistert. Sie kamen täglich wieder. Und immer mehr Leute blieben bei Isaac stehen, um ihn auf den Fehler in seinem Schild aufmerksam zu machen. Und immer wieder gelang es Isaac, die Zurechtweiser in die Imbiss-Stube zu dirigieren. Und alle verließen diese hochzufrieden. Isaac Hameri war nicht

nur ein frommer, er war auch ein bescheidener Mann. Längst hätte er seine Imbissstube vergrößern können, aber wie viele Tische haben schon auf einem kleinen Schild Platz?

ꕥ

In den Uffizien in Florenz war ich einem Lachkrampf nahe, als ich vor dem Barockgemälde Carlo Cignanis, das Joseph und Potiphar darstellt, zwei Juden reden hörte.
„A scheene Schickse, die Potiphar. Und Schenkel hat sie – ma möcht sich a Krawatte draus machen. Was hält sie da in de Händ'?"*
Sein Begleiter erklärt, dass Joseph vor Potiphars Versuchung flieht, sie ihn festhalten möchte und er seinen Mantel in ihren Händen zurück lässt.
Der andere schüttelt den Kopf.
„Der Joseph is ka Jud', der is a Trottel!"

ꕥ

Fredi Durra war einer der bekanntesten und beliebtesten israelischen Entertainer.
Er stammte aus Breslau und war, zusammen mit Samy, seinem Pianisten, durch die Hölle gegangen. Auf abenteuerlichste Weise gelangten die beiden nach Israel und hier begannen ihre jahrzehntelang dauernden gemeinsamen Bühnenauftritte, die sie in viele Länder führten. Fredi spielte und sang in fünf Sprachen. „*Wrong but fluently*", wie er sich selbst auf der Bühne einkonferierte.

---

* Christliches Mädchen

Als Fredi und Samy in meinem Theater auftraten – beide waren schon „graue Panther“, aber trotzdem unglaublich erfolgreich –, bemerkte ich, dass Samys Klavierspiel stark nachgelassen hatte. Vorsichtig sagte ich zu Fredi:
„Fredileben, findest du nicht, dass Samy manchmal ein bissel falsch spielt?“
Fredi sah mich unendlich traurig an und sagte:
„Hör' ich hin? Was soll ich machen? Ich sag ihm: Samy, wenn ich auftrete, mach an scheenen Akkord. Was macht er? An Plim. Ich bitte ihn: Du musst mir an richtigen lauten Akkord geben. Er macht plim, plim. No, bin ich doch laut geworden. Am nächsten Abend – was tut er? Er spielt mir an halben Weltkrieg.“

ஐ

Bühnenauftritte in Israel haben ihre Tücken. Das hübsche Theater in Netanya liegt in einem schönen, verwilderten Garten. Die Bühne hat allerdings einen kleinen Nachteil. Man kann nicht auf der Hinterbühne von der rechten zur linken Seite wechseln. Man muss an der Rückseite des Theaters durch den Garten gehen, um von der anderen Bühnenseite aufzutreten zu können.
Der Bühnenmeister riet mir:
„Gnädigste, laufen Sie schnell auf die andere Seite. Im Garten gibt's Schlangen!”

ஐ

Wenn möglich, fliege ich EL AL. Sie ist die sicherste Fluglinie der Welt. Und die humorvollste. Nach der Landung verabschiedet sich die Stewardess und fügt hinzu: *„Vergessen Sie nicht, alles was Ihnen gehört, mitzunehmen. Das gilt auch für Ihren Ehemann!"*

ꕥ

In Israel, vor allem in Jerusalem, sind am Shabbat alle Geschäfte geschlossen.
Ausnahmen bestätigen die Regel, und bei diesen Ausnahmen handelt es sich um einige *Delikatessengeschäfte*. Fragen Sie mich nicht, wieso und warum, es ist eben so. Außer in Tel Aviv bleiben auch Theater und Kinos geschlossen.
Mein Freund Fredi Durra sagte immer:
„Es ist leichter, Geld zu verdienen, als es zu halten. Also was is' – spielen wir am Shabbes?"
Ich sagte zu.
Fredi betritt die Bühne nach mir – und ich erstarre. Sein Hosenschlitz ist weit offen.
Mit kleinen Gesten und Zwinkern versuche ich ihn auf seinen Toilettenfehler aufmerksam zu machen – vergeblich. Als Fredi sein Chanson *„Und solche Eyzzes gebn' mir d'Leut!" vorträgt*, wobei mir nicht klar ist, ob über das Lied oder seine offene Hose gelacht wird, ergreife ich die Chance und sage:
„Lieber Fredi, apropos Eyzzes gebn dir d'Leut' – am Shabbes sollten doch alle Geschäfte geschlossen sein?", und ich starre auf seine Hose. Jetzt versteht er. Ruhig zieht er seinen Zip zu und sagt:
„Bei mir nicht, es ist nämlich a Delikatessengeschäft ..."

ꕥ

Am Flughafen Ben Gurion in Israel. Vor mir ein Russe, ein Jemenite und ein Chinese.
Der Zollbeamte fragt:
„Sprechen Sie Englisch oder Hebräisch?"
Der Russe und der Jemenite schütteln verneinend die Köpfe. Der Chinese antwortet in beiden Sprachen fließend.

ꝸꝺ

Meinem Freund, dem Schriftsteller Egon Eis, gelang die Emigration nach China.
Nie konnte ich ihn überreden, mit mir ein chinesisches Restaurant zu besuchen.
„Das hat nichts mit chinesischem Essen zu tun", behauptete er.
„Wieso bist du als Jude so puristisch eingestellt?", wollte ich wissen.
Egon schüttelte den Kopf. *„China ist doch wohl das Unjüdischste, was es gibt."*
„Weißt du nicht, dass es seit Urzeiten chinesische Juden gibt?" Ich musste lachen. *„Jetzt weiß ich, woher der alte Witz kommt: Ein Jude und ein Chinese treffen sich. Der Chinese ist traditionell gekleidet und trägt einen langen Zopf. Der Jude hat lange Schläfenlocken und einen schwarzen Hut. Er fragt den Chinesen, warum er diesen Zopf trage, und dieser erklärt ihm, das sei die jahrhundertealte Tradition seines Volkes. Der Jude schüttelt den Kopf: Peyes*, Kopfbedeckung, Schaufäden sind bei uns auch Tradition – aber a Zopf? Is denn a Zopf so scheen?"*

* Schläfenlocken

Egon meinte, an diesem Witz könne sogar etwas Wahres sein, denn die Geschichte lehre uns, dass es chinesische Juden oder jüdische Chinesen gibt.*

Ich ging in eine bekannte Buchhandlung und verlangte Egons Buch „Die Illusion der Sicherheit". In diesem spannenden Buch beweist Egon Eis, dass jegliche Erfindung, von der Chinesischen Mauer bis zum kompliziertesten Safe, eine Illusion der Menschen ist, um sich vor Unglück zu schützen.
Antwort des Verkäufers: *„Der Autor war Emigrant – der wird nicht mehr ausgeliefert ...“*

Hoch schätzt man Alfred Ehrensteinen,
denn seine Verse stören keinen!

Ein altes jüdisches Sprichwort sagt:
Wer menschliche Erkenntnisse vorenthält, ist schlimmer als ein Dieb.
Ich möchte es richtig stellen:
Wer Erkenntnisse über Männer vorenthält, ist schlimmer als eine Diebin.
Denn eigentlich dürfte es für uns Frauen nur noch einen Mann geben, bei dem wir leiden: den Zahnarzt!

Wie heißt es in Goethes Faust?
„Ich bin zu alt, um nur zu spielen, zu jung, um ohne Wunsch zu sein ...“

* Seit dem 1. Jh. v.Z. haben sich Juden in Cochin an der Malabarküste angesiedelt. Berühmt die inzwischen zerstörte Synagoge in Khaifong-Fu im Tal des Gelben Flusses.

Erst wenn man zu der Kategorie *„graue Panther“* oder *„50Plus“*, wie es so neckisch heißt, gehört, erkennt man, dass man sehr oft im Leben für falsche Interessen gekämpft hat. Dass gewisse Männer, für die man auf die Barrikaden ging, es nicht wert waren. Diese Erkenntnis sollte uns nicht belasten. Wir haben daraus gelernt, und pflegen fortan platonische Freundschaften.
Ich zum Beispiel habe meinen Fischbein. Ein lieber, platonischer Freund.
Höflich, zurückhaltend und belesen. Mit Fischbein kann man shoppen gehen, ins Konzert gehen, zum Heurigen gehen, aber – Fischbein kann auf die Nerven gehen. Denn Fischbein hat ein Hobby: Schüttelreime.
Mit Interesse verfolge ich seine Ausführungen über die monatelange Pressekampagne zwischen Porsche und dem Volkswagenwerk. Als Schauspielerin ist man nicht immer gewillt, seitenlange wirtschaftliche Analysen über diese Übernahmeschlacht nachzulesen, zumal die genannten Summen für mich ins Reich Absurdistan gehören. Aber Fischbein versteht es, die Abfindung von 140 Millionen Euro, für den erzwungenen Abgang von Wendelin Wiedeking, und die verschiedenen Ehen mit dem daraus resultierenden dutzendfachen Nachwuchs von Ferdinand Piech reizvoll zu erklären.
Jetzt kenn’ ich mich aus. – Doch was tut Fischbein?
Nach seinen sachlichen Erläuterungen kommt er nahe an mein Ohr und flüstert:
„Piëch hat nicht nur den Porsche-Fimmel / er hat auch einen scharfen Pimmel!“
Wie gesagt: Fischbein nervt.
Damit nicht genug, er testet mich: *„Kennst du den kürzesten Schüttler?“*
Natürlich kenne ich ihn nicht.

Fischbein triumphiert: *„Du bist Buddhist!“*
„Kennst du den Auftritt des Schüttlers im Fernsehen?“
Natürlich kenne ich auch den nicht. Ich bestelle mir ein zweites Glas Wein, nach dem Motto: Das macht mir den Fischbein erträglich ...
„Also pass auf“, schmunzelt Fischbein,
„Im Fernsehen wurden Preise für die besten Schüttelreime vergeben. Für ‚Du bist/ Buddhist‘ erhielt ein Mann den 1. Preis. Den 2. Preis erhielt ‚So kacken/ Kosaken‘. Das Publikum jubelte beim 2. Preisträger und verlangte eine Wiederholung. Der arme Mann war vor den Kameras so aufgeregt, dass er den Reim vergaß. In seiner Not sagte er ‚So scheißen Tscherkessen‘!“
Fischbein fällt fast vom Stuhl vor Lachen. Ich sehe ihn verständnislos an. Texthänger vor Publikum lassen mich für andere mitleiden.
„Findest du das so komisch?“, frage ich ernsthaft.
Fischbein sieht mich enttäuscht an: *„Du hast eben keinen Sinn für Schüttelreime!“*
„Und ob ich den habe!“, begehre ich auf. *„Ich kann sogar Dialektschüttelreime, die du nicht mal verstehst!”*
Fischbein macht nur; *„Puhh! Lass hören?“*
Nun setze ich zu meinem triumphalen Sieg über Fischbein an:
„Tu ick dir een bitten lied / wenn ick dir die Titten biet?“ *

ꕤ

* Tu ich dir ein bißchen leid, wenn ich an deinem Busen knabbere?

Seit über dreißig Jahren bin ich alljährlich mit einem neuen Bühnenprogramm in Israel. Das Publikum ist gebildet, aufgeschlossen und zu begeistern. Manchmal nimmt die Begeisterung Formen an, die mich ein wenig verunsichern. Wie zum Beispiel meine Begegnung mit Mister Finkelstein am Strand von Tel Aviv.

Der gut aussehende „graue Panther“ stapfte neben mir ins Meer und begann ein Gespräch:

„Gnädige Frau, darf ich mich vorstellen, meine Name ist Finkelstein. Sie waren gestern Abend wunderbar. Ich komme heute Abend wieder in Ihre Vorstellung.“

„Das freut mich, Mister Finkelstein.“

„Dürfte ich Sie vielleicht anschließend zu einem Essen einladen?“

„Nein, vielen Dank, Mister Finkelstein.“

„Wenn eine Frau nein sagt, meint sie vielleicht, wenn sie vielleicht sagt, meint sie ja – also sagen Sie vielleicht?“

Ich musste lachen und blieb im seichten Wasser stehen, um mir den Unbeirrbaren anzusehen. Finkelstein gab nicht auf.

„Ich habe eine ganz nette Villa in Caesarea und möchte Sie mit israelischer Gastfreundschaft verwöhnen. Ein Dinner unter Palmen, Hummer – falls Sie nicht koscher essen – Champagner, und ... und ... bitte, bitte ... kommen Sie ...“

Finkelsteins Augen bekamen den Ausdruck eines traurigen Bernhardiners.

Ich sagte: *„Bitte, Mister Finkelstein, gehen Sie tiefer ins Wasser, es muss* nicht jeder **sehen**, wovon Sie **sprechen.**“

P.S.: Die Villa war mehr als ganz nett.

Viele Leute lieben teure Tiere! Wie auch dieser Mann, der in einem Tiergeschäft einen außergewöhnlich schönen Papagei sah. Er fragte nach dem Preis, der exorbitant war. Der Verkäufer erklärte dem Mann, dass dieser Papagei alle Sprachen spreche und deshalb so teuer sei. Der Mann trug den Vogel nach Hause, setzte sich vor ihn hin und sagte:
„So, du sprichst also viele Sprachen."
Und der Papagei antwortete:
„Ja, ich spreche Sprachen ..."
„Do you speak English?"
„Of course, I do!"
„Parlez vous français?"
„Oui, oui!"
„Italienisch?"
„Naturalmente parlo italiano! Ma adesso sono stanco ..."
Der Besitzer sah seinen genialen Vogel triumphierend an:
„Ha, aber Jiddisch kannst du nicht!"
Der Papagei legte sein Köpfchen zur Seite und antwortete:
„Mir wirst du sogn? Mit meiner Nosn!"

Ben und Salo versuchen die Welt der Sterne zu ergründen. Saturn, Venus und der große Wagen sind ihnen bereits geläufig. Aber was ist das für ein Komet, der mit dem langen Schweif?
„Frag deine Frau", rät Salo, *„die weiß doch immer alles ..."*
Ben ruft Naomi: ***„Naomeli**, wie heißt der Stern mit'm langen Schweif?!"*
Naomi: *„Isaac!"*

Es war einmal in einem Stettl in Polen. Ein berühmter Rabbiner hatte nur eine Tochter. Sie war schön, fromm und mit allen guten Eigenschaften gesegnet. Sie sollte den frommsten und tüchtigsten Ehemann bekommen, und deshalb entschloss sich der Rabbi, die in Frage kommenden jungen Männer einer Prüfung zu unterziehen.

Drei Bocher waren als Bewerber ausgesucht worden. Derjenige, der die Frage des Rabbi richtig beantworten würde und damit zeigt, dass er *fromm, klug* und *geschäftstüchtig ist,* sollte der Ehemann der schönen Tochter werden.

Der Rabbi fragte den Ersten:

„Es ist Shabbat. Du bist auf dem Weg zur Synagoge und findest einen Goldrubel. Du weißt, am Shabbat darfst du kein Geld bei dir tragen – was machst du?"

Der junge Mann dachte nach und antwortete:

„Verehrter Rebbe, ein Goldrubel ist viel Geld. Damit könnte ich mit Eurer Tochter eine gute Zeit lang leben. Ich hebe den Goldrubel auf und stecke ihn ein – Gott wird mir verzeihen."

Der Rabbi wiegte bedenklich den Kopf:

„Du bist zwar geschäftstüchtig, aber nicht fromm und klug. Du bekommst meine Tochter nicht."

Und er stellte dem zweiten Bocher dieselbe Frage.

Der Zweite sagte:

„Verehrter Rebbe, es steht geschrieben, man darf am Shabbat kein Geld bei sich tragen. Ich halte Gebote und Verbote. Also stelle ich meinen Fuß auf den Goldrubel und warte, bis der Shabbat vorbei ist."

Der Rabbi schüttelte sein weises Haupt und sagte:

„Du bist zwar fromm, aber nicht geschäftstüchtig und klug. Du bekommst meine Tochter nicht."

Der dritte Bocher trat vor und begann sofort mit strahlendem Lächeln:
„Verehrter Rebbe! Was für a Frage? Erst lasst werden Shabbes – dann lasst mich finden den Goldrubel – dann werd' ich mir Rat wissen und Euch die Antwort geben!"
Der Rabbi lachte, und bald darauf trat der fromme, kluge und geschäftstüchtige Bocher mit der schönen Tochter unter die Chupa.*

In meinen erstbesten Jahren war ich nicht frei von der Automanie. Jetzt, in meinen letztbesten, kann ich nur noch mitleidig über mich lächeln.
Damals stach mir ein cremefarbenes Sportcabriolet mit roten Ledersitzen ins Auge. Der Preis verschlang fast die ganze Gage eines Films. Also versuchte ich mit dem Autohändler, Herrn Weinreb, zu feilschen. Dieser sah mich kommen, schüttelte ablehnend den Kopf, und sah mich gehen. So ging das drei Wochen lang. Drei Wochen, die beherrscht waren von der panischen Angst, jemand könnte das Schmuckstück kaufen. Als ich wieder einmal vor dem Schaufenster stand, winkte Herr Weinreb, ich solle hereinkommen.
Väterlich legte er den Arm um mich, und sagte:
„Schaun Sie, Kindele – einigen wir uns! Sie wolln machen dem Geschäft – ich will machen dem Geschäft – also werm mer machen dem Geschäft?"

* Hochzeitsbaldachin

Der Rausch unserer Zeit ist der Geschwindigkeitsrausch. Ausgenommen davon sind die Liebhaber der Oldtimer. Ob Hitze oder Kälte, Sturm oder Regen, nichts kann einen Oldtimerfreak davon abhalten, verkleidet mit Autobrille und Lederkappe, im 50-km-Tempo über die Autobahn zu rumpeln. Ich kenne einen hoch verschuldeten Mann, in dessen Garage ein Daimler und ein Maybach fahrbereit stehen. Vom Daimler behauptet der Besitzer, dass dieser Wagen einst Kaiser Franz Josef gehört habe. Der „alte Herr" sei damit nach Bad Ischl chauffiert worden. Auf dieser Fahrt sei Folgendes passiert: Der Wagen blieb plötzlich stehen. Der Chauffeur, der Adjutant und ein Lakai drehten und klopften an allen möglichen Stellen, der Daimler rührte sich nicht.
Da sagte der alte Kaiser:
„Wie viele Pferdekräfte, meine Herren, sagten Sie, hat das Auto?"
„Zehn, Euer Majestät", dienerte man.
„Soso, no was Sie nicht sag'n. Da ist mir aber eine Pferdekraft lieber. Der streiche ich leicht mit der Gerte über die Krupp', und sie läuft wieder."

Die Juden Wiens liebten Kaiser Franz Josef. Sie behaupteten, er sei der beste und größte Architekt der Monarchie gewesen, weil ihm noch nie etwas eingefallen sei.

Kleines Schild über der Theke
in einem koscheren Restaurant:
*Strictly kosher! Wir vertrauen nur G'tt –
alle anderen müssen zahlen!*

Das hebräische Alphabet

Jiddisch geschrieben und Deutsch gedacht!

***A**lef* wie **A**DAM
Der einzige Mann, der niemals eine Schwiegermutter hatte.

***B**ejß* wie **B**ANKROT (Bankrott)
Ein Zustand, den man überleben muss.

***G**iml* wie **G**EMILAS CHESED (Kredit)
Kredit nicht verweigern, nicht zurückzahlen.

***D**alet* wie **D**ALES (Armut)
Dalles und Schlamassel sind Brüder.

***H**ej* wie **H**OFFNUNG
Auf was? Auf Lügen!

***W**ow* wie **W**EKSEL (Scheck)
Ein Scheck von einem Freund? Ein Witz!

***Z**ayn* wie **Z**ALTS (Salz)
Sackweise im Großhandel, kaum eine Spur im Feuilleton.

Ches wie CHUPEH (Hochzeitsbaldachin)
Du trittst darunter glücklich und verliebt. Du kommst heraus als Nervenbündel.

Tes wie TOCHES (Hintern)
Das Götz-Zitat: „Du kannst mich am Toches melochen!"

Yud wie JUDENFRAGE
„Wie geht's?" – „Frag nicht!"

Lamed wie LEBEN
Eine Komödie für die Reichen. Eine Tragödie für die Armen.
Ein Rätsel für die Weisen und ein Spiel für die Dummen.

Mem wie MATZEYVO (Marmorgrabstein)
Ein Denkmal mit eingravierten Lügen.

Nun wie NADAN (Spenden)
Greife einem Reichen in die Tasche – es sitzt eine Giftschlange drin.

Samech wie SEDER (Feiertag zum Gedenken an den Auszug aus Ägypten)
Die Hausfrau quält sich mit dem Problem, wen sie zum Seder einladen soll und wen nicht. Die Eingeladenen quälen sich mit dem Gedanken, ob sie die Einladung annehmen sollen oder nicht.

Ayen wie APRIL 1.
Ein Witz, der 365 Mal im Jahr passiert.

Pej wie **P**ETCH (Ohrfeige)
Eine Ohrfeige – schwer zu geben, leicht zu kriegen!

Fey wie **F**RAU
Du leidest, bis du ihn hast. Dann leidest du, weil du ihn hast.

Tsadik wie **Z**UNG (Zunge)
Gott schütze uns vor jüdischen Zungen und christlichen Händen.

Kof wie **K**APITAL
Bei Karl Marx auf dem Papier. Bei Rothschild im Safe.

Resch wie **R**ECHILEß (übler Tratsch)
Jüdische Telegramme.

Schin wie **SCH**ADCHEN *(Heiratsvermittler)*
Ein guter Vermittler weiß: Ein reicher Mann hat keine hässlichen Töchter.

Und damit beenden wir unseren kleinen Ausflug in jüdische Befindlichkeiten!*

---

* Es gibt in jüdischen und christlichen Kreisen immer wieder Diskussionen über das „richtige“ Jiddisch, weil die Schreib- und Ausdrucksweise im Ostjiddischen, Litauisch-Jiddischen, Elsässer-Jiddischen, vor allem im Judenteutsch, um nur einige zu nennen, sehr unterschiedlich ist.

FAN KOMMT VON FANATIKER!

Künstler sind eigenartige Menschen. Sie tun alles, um berühmt, bekannt und beliebt zu werden. Andere wiederum machen sich bewusst unbeliebt, damit man sie wahrnimmt. Wenn sie es geschafft haben und sich viele Fans um sie scharen, setzen sie eine Sonnenbrille auf, damit man sie nicht erkennt.

Auch ich hatte einen Fan. Monatelang erhielt ich aus der Strafanstalt Stein regelmäßig die Briefe eines Gefangenen. Er schrieb, dass er ein großer Bewunderer sei, alle meine Sendungen im Funk und Fernsehen verfolgen dürfe, und dass er in vielen Stunden für mich ein Geschenk angefertigt habe. Eines Tages traf ein Paket im Theater ein. Es enthielt mein Porträt, ausgeführt in feiner Intarsienarbeit. Man erkannte mich sofort, nicht nur weil mein langes, rotes Haar besonders künstlerisch ausgearbeitet war. Ich ließ die Holzarbeit in der Bühnenbar aufhängen, wo sie von allen bewundert wurde. Der Gefangene schrieb, dass er wegen guter Führung bald Freigänger sein würde, und sein größter Wunsch wäre, mich auf der Bühne zu sehen.

Nach einer Vorstellung – ich war gerade beim Abschminken – läutete das Telefon in meiner Garderobe. Die Mitarbeiterin am Buffet sagte mir, dass ein Mann in der Bühnenbar auf mich warte. Ich sagte zu ihr:

„*Wimmle ihn ab – sag, ich bin schon weg.*“

Zwei Tage später empfing mich mein Team mit eigenartigem Benehmen.

„*Was ist los?*“, fragte ich ahnungslos.

Man legte mir die Kronen Zeitung vor und der Beleuchter sagte: „*Komische Fans hast du. Das war doch der Typ, der vorgestern in der Vorstellung war und dann so lange in der Bühnenbar auf dich gewartet hat …*"

„*Genau, das war er!*", bestätigte die Buffetkraft.

Das Bild zeigte einen unscheinbaren Mann. Die Bildunterschrift lautete:

Sexverbrecher wurde rückfällig!

Bei einem Freigang wurde der zu einer langjährigen Haftstrafe verurteilte Heinz A. rückfällig. Der Häftling vergewaltigte und malträtierte ausnahmslos rothaarige Frauen. Das rothaarige Opfer, welches der Freigänger gestern Nacht überfiel, wehrte sich mit einem Pfefferspray. Die Polizei konnte den Verbrecher, der sich hinter dem Russendenkmal am Schwarzenbergplatz versteckt hatte, aufspüren und festnehmen.

ꕥ

Es gibt Fans, deren Bewunderung gefährlich nah an Stalking grenzt.

Aber es gibt auch Fans, die mit feinem Takt unsere Gefühle ansprechen.

Der Gastgeber:

„*Gehen wir in den Garten, ich möchte Sie meinen Rosen vorstellen.*"

Ich fragte ihn, ob er nicht allen anwesenden Frauen seine Rosen zeigen möchte?

Und er antwortete:

„*Oh, es gibt andere Frauen?*"

Ich bin ein Fan von Arthur Rubinstein. Es gehört zu dem Anliegen eines Fans, dass er oder sie nicht nur über die künstlerische Arbeit, sondern auch über das Privatleben seines Stars genauestens informiert ist. Es erstaunte mich, als ich Rubinstein auf der Zürcher Bahnhofstraße beim Shopping sah. Andere Konzertpianisten versinken vor ihren Auftritten in Meditation oder stundenlanges *Einspielen,* Rubinstein ging *einkaufen.* Damals war er 80 Jahre alt und spielte am selben Abend ein hinreißendes Brahmskonzert.*

Meiner Freundin Vera Kálmán erzählte er folgendes Erlebnis:
Rubinstein erhielt von seinem Manager einen Anruf mit der Anfrage, ob er für eine sehr hohe Gage ein privates Konzert in Spanien geben würde. Der gebürtige Pole Rubinstein sei der weltbeste Interpret seines Landsmannes Frédéric Chopin und deshalb wünsche sich eine spanische Aristokratin ein zweistündiges Chopinkonzert, ohne Pause.
Rubinstein sagte zu – mit den Worten:
„Ich spiele, wo man mich lässt, außer in Deutschland und Österreich.“
Man brachte ihn außerhalb von Madrid zu einem Palais, das versteckt zwischen Palmen, Zypressen und Orangenbäumen lag. Ein Diener führte ihn in einen Saal mit einem herrlichen Flügel. An den Wänden alte Tapisserien, sonst nichts – keine einzige Sitzgelegenheit.
„Wo sitzt das Publikum?“, fragte Rubinstein überrascht, und der Diener antwortete:

* Rubinstein wurde 95 Jahre alt.

„Man wird Sie hören. Wenn die Kandelaber verlöschen, ist das das Zeichen für Sie, mit dem Konzert zu beginnen.“ Rubinstein begann die Sache zu amüsieren. Er nannte es *„A Concert from me to me“*. Die Kandelaber verloschen, und er spielte wie immer auswendig und mit Hingabe. Er habe, so erzählte Vera, ein wunderbares Gefühl der Abgehobenheit erlebt und die Steigerung in den Nocturnes schwebend verklingen lassen. Sekundenlang standen die Töne noch im Raum, als er hinter einer Tapisserie Geräusche vernahm. Rubinstein schob leise den Gobelin einen Spalt breit beiseite: Auf einer breiten Chaiselongue liegt eine nackte Frau, die Herzogin, in den Armen eines jungen Mannes.

Liebe ist niemals harmlos.
Liebe ist eine Energie die uns über uns selbst hinauswachsen lässt, im Guten und Schönen,
aber auch im Bösen.

„... doch wie's da drin aussieht, geht niemand was an.“
Wie viel Wahrheit liegt in dieser, gern als kitschig bezeichneten Liedzeile aus *„Das Land des Lächelns“*.
Man betritt die Bühne, strahlend schön gemacht (was mit zunehmendem Alter immer länger dauert) und singt und spielt und lächelt und *„... doch wie's da drin aussieht ...“*
In mir sah es zu dieser Zeit wunderbar aus, denn ich war im vierten Monat schwanger. Kein Grund, eine Gastspielserie im Theater Fauteuil in Basel abzusagen.

Trotz Übelkeit und Schwindelanfällen galt das alte Bühnenmotto:
„Seelische und körperliche Beschwerden sind vor der Vorstellung an der Bühnentür abzugeben."
Jeder Profi kennt die Magie der Bühne. Sobald man sie betritt, sind alle Probleme
„vom Winde verweht".
Mein Wunschkind wuchs von Tag zu Tag und schien das Theater genauso zu lieben wie ich, denn es schien mir, als steppte es manchmal gegen meinen Magen. Aber es gelang mir immer, allerdings mit viel Konzentration, die Übelkeit zu überwinden.
War es das lange, anstrengende Lied oder die Hitze der Scheinwerfer, die ich plötzlich doppelt sah? Ich spürte das Gewicht eines Pflastersteins, der sich langsam Richtung Magen schob. Passend zu den giftigen Kreisler-Texten füllte sich mein Mund mit Galle. Ich klammerte mich an den Flügel und dachte nur: Nicht hier, nicht vor Publikum. Mit einem gehauchten „Pardon" stakste ich in die Kulisse. Zur Klavierbegleitung des Chansondichterkomponisten hörte das Publikum die würgenden und stöhnenden Geräusche einer sich übergebenden Diseuse. Der werdende Vater ließ seine Mundwinkel noch tiefer als üblich nach unten sinken, hob die Hände von den Klaviertasten und sagte unbeeindruckt:
„So zum Kotzen finde ich das Programm gar nicht!"

FRUHE TALENTE?

Eltern sehen ihre Kinder mit unkritischen Augen. Bei jeder Andeutung eines sauber gegriffenen Violinlaufes denken sie bereits an Oistrach oder Menuhin. Bei jeder tänzerischen Drehung sieht die liebende Mutter bereits die Eiskunstläuferin. Man sollte annehmen, dass Eltern, die selbst einen künstlerischen Beruf ausüben und täglich der harschen Kritik der Medien ausgesetzt sind, von solchen Zukunftsillusionen für ihre Kinder frei sind.
Sie sind es nicht.
Mein Sohn Alexander und meine Tochter Sandra zeigten bereits mit fünf Jahren eine große Neigung zu Musik und Spiel. Also ermöglichten wir den beiden Ballett-, Klavier- und Geigenstunden. Sinnloserweise, wie sich später herausstellte. Zum Entsetzen der Lehrer sangen sie aber mit sechs Jahren in der Schule statt *„Alle Vöglein sind schon da …“* *„Geh ma Tauben vergiften im Park!“* Sascha und Sandra begleiteten uns auf allen Tourneen. So auch zu meinem Engagement nach Zürich. Dort spielte ich, zusammen mit Vico Torriani und Waltraut Haas, Ralph Benatzkys *„Meine Schwester und ich“*. Die Kinder liebten diese Vorstellung und bettelten:
„Bitte, dürfen wir auch einmal auf die Bühne!? Wir möchten etwas singen.“
„Was wollt ihr denn singen?“
„Wir werden etwas dichten.“
Zwei Stunden vor Beginn der Abendvorstellung sagte ich meinen Kollegen, dass Sandy und Sascha einmal in der hübschen Dekoration des Schuhgeschäftes auftreten möchten.

„Ach wie süß, das möchten wir doch auch sehen …"
Die eitlen Eltern hatten nichts dagegen.
Der Zuschauerraum wird dunkel, der Vorhang öffnet sich. Entzückend anzusehen, Hand in Hand, wie Hänsel und Gretel, betreten die beiden die Bühne. Sandra macht einen Knicks, Sascha eine Verbeugung, die Kollegen applaudieren, die Eltern platzen vor Stolz.
Sascha: *„Wir bringen ein selbst gemachtes Lied!"*
(Applaus)
Beide singen:

Wir sind die zwei Matrosen,
wir pissen in die Hosen,
und kacken hinterdreine,
wir sind zwei kleine Schweine!

„Schluss! Aufhören! Was soll der Quatsch!", ruft der empörte Vater.
Torriani sagt: *„Also, in der Schwyz habe sie das nicht gelernt …"*
Ich ziehe die beiden hinter die Kulissen.
„Was habt ihr euch dabei gedacht?!"
Saschas Augen füllen sich mit Tränen:
„Aber Mami, wir dachten, zwei Matrosen, die in die Hosen machen, sind doch lustiger als zwei alte Tanten, die Tango tanzen." *

Manchmal überschätzt man seine Kinder, manchmal unterschätzt man sie, beides zu Unrecht!

* „Zwei alte Tanten tanzen Tango", Chanson von Georg Kreisler

Sandra bekam eine Brille. Sie war sehr stolz darauf und bestand darauf, sie auch im Bett zu tragen.
„Aber Sandylein, im Bett brauchst du doch keine Brille …“
Sandy trotzig: *„Ich schon.“*
„Wieso? warum?“
„Damit ich meine Träume besser sehen kann.“

ꕥ

Wenn man über seine Kinder lacht, sehen es alle.
Wenn man über sie weint, niemand.

ꕥ

Der große, gewichtige Gustav Knuth liebte Monologe – nicht nur auf der Bühne.
Ist man am Zürcher Schauspielhaus engagiert, entgeht man nie den Einladungen der „Freunde des Schauspielhauses“, denn die Sponsoren lieben es, nach Premieren *ihre* Künstler kulinarisch zu verwöhnen.*
So auch nach der Premiere von Dürrenmatts *„Herkules im Augiasstall“*. Gustav Knuth saß neben der Gastgeberin. Wie immer unterhielt er die Anwesenden mit seinen Schnurren**. Und wie immer nach den Vorstellungen, wenn der Adrenalinspiegel der Protagonisten noch nicht gefallen war, war Gustl in Hochform und seine Schnurren dauerten und dauerten an. Bei den Zuhörern verebbte langsam das Interesse. Der Schauspieler bemerkte etwas verspätet, dass er zu lange

* O-Ton: „Nach den künstlerischen Genüssen muss man auch was für die leiblichen tun.“
** Wir kannten schon etliche davon.

monologisiert hatte, und legte entschuldigend seine Hand auf den Arm der Gastgeberin:
„Gnädige Frau, bitte entschuldigen Sie, dass ich so lange von mir gesprochen habe. Nun sind Sie aber an der Reihe. Verraten Sie uns – wie habe ich Ihnen heute Abend gefallen?"

Man sagt: Alle Schauspieler sind eitel. Das stimmt nicht. Einer der bescheidensten und uneitelsten Kollegen war Josef Meinrad. Jeder wusste es, jeder schätzte es, fast jeder liebte ihn.
Einmal geriet sein wunderbares Image jedoch in Gefahr. Wie immer im Sommer spielte man auf allen möglichen und unmöglichen Plätzen in Wien Theater. So auch in der Karlskirche im 4. Wiener Bezirk. Eine denkbar ungeeignete Spielstätte, denn für die Schauspieler gab es weder Schmink-, Garderoben- noch Aufenthaltsräume. Es wurde irgendein ernstes, der Kirche angepasstes Schauspiel gegeben. Mir ist der Titel entfallen, aber nicht das Schauspiel, welches sich *vor* dem Schauspiel abspielte. Die Hauptrolle spielte ein Bettler, und wer wäre für diese Rolle geeigneter gewesen als *Josef Meinrad.* Man engagierte den Star des Burgtheaters, und Pepi (wie wir ihn alle nannten) wurde von Kostüm- und Maskenbildnern in einen bemitleidenswerten, zerlumpten und ausgehungerten Typen verwandelt. Diese Prozedur dauerte mehr als zwei Stunden und musste logischerweise in den Schminkräumen des Burgtheaters vollzogen werden. In seiner Bettlermaske sollte der Kammerschauspieler dann zur Karlskirche chauffiert werden.

Im Gegensatz zu Pepi war seine französische Ehefrau Germaine keineswegs bescheiden und dezent. Mit sehr viel Geschmack ließ sie in Großgmain bei Salzburg einen alten Heustadl zum ständigen Domizil umbauen. Bestückte das Haus mit ausgesucht schönen Antiquitäten und vergaß auch nicht, für Pepi eine Tischlerwerkstatt einzubauen. Dort konnte er seinem Hobby frönen. Er schnitzte mit Leidenschaft. Mit den Jahren hielt er sich immer seltener in den Luxusräumlichkeiten auf, die dem Vernehmen nach jetzt zu einem Josef-Meinrad-Museum umgestaltet werden sollen. In seinem Haus stand auch sein Rolls-Royce – wie Pepi lakonisch bemerkte: *Zur ebenen Erde – **nicht** im ersten Stock!"* *
Pepi benutzte ihn fast nie. Einmal kam der Luxusschlitten zum mehr oder weniger sinnvollen Einsatz. Die Produktionsleitung schlug vor, dass Meinrad, in seiner Bettlermaske, in seinem Wagen die Strecke vom Burgtheater zur Karlsplatz gebracht werden sollte. Vor der Treppe der Kirche könnte Pepi aussteigen und sogleich zu seinem Auftritt in die Karlskirche eintreten.
Gemacht! Der Chauffeur fährt vor – hält an, und sofort versammeln sich viele Neugierige. Der Chauffeur springt heraus, öffnet die Tür des Rolls-Royce, und – heraus steigt ein Bettler …
Man lacht, man pfeift, man schüttelt den Kopf.
Pepi erleichtert: *„Gott sei Dank, es hat mich niemand erkannt."* * *

---

* In Anlehnung an das Nestroy-Stück
* * Was ich bis heute bezweifle.

In jedem Künstlerleben vermischen sich Komik und Tragik. Auch wenn der geliebte Partner starb, „the show must go on!"
Der Regisseur *Giorgio Strehler* war gestorben, und seine Witwe, die Schauspielerin *Andrea Jonasson,* musste ihren Vertrag mit dem Tournee-Unternehmen einhalten. Giorgos Wunsch war es gewesen, eingeäschert und in der Familiengruft in Triest begraben zu werden. Als Andrea in Triest gastierte, verhandelte sie mit der Friedhofsverwaltung und bekam die ernüchternde Antwort:
„Unmöglich, Signora, wir sind total überfüllt."
Die Schauspielerin war den Tränen nahe.
„Ich bitte Sie, meine Vorstellung ist auch überfüllt ... aber ...?"
Am Abend rief der Friedhofsverwalter Andrea an:
„Signora, wenn Sie für Ihre Vorstellung zwei Plätze für mich haben, habe ich einen für Signor Strehler."

Was ist ein Kritiker?
Eitel und anderer Meinung!

Jeder Mensch braucht hin und wieder Trost. Bringe ihn zum Lächeln, und er ist schon ein wenig getröstet. Die ältesten Berufe der Welt leben vom Trösten. Priester, Prostituierte, Possenreißer. Wer traurig ist, lacht nicht aus Gefälligkeit. Aber wer tröstet einen Menschen, der durch Kritikerschelte am Boden zerstörten worden ist?

Die Ordination des Seelenklemperers* Erwin Ringel war nach Premierenverrissen überfüllt mit untröstlichen weiblichen und männlichen Bühnengrößen. Ihre Eitelkeit war zutiefst verletzt worden. Dass sich unter den Patientinnen des Psychotherapeuten auch die Ehefrau eines Kritikers befand, die keine Schauspielerin, sondern auch Kritikerin war, ist ein pikantes Detail am Rande meiner Geschichte.
Bei den Salzburger Festspielen wurde *Lumpazivagabundus* vom Kritiker der Oberösterreichischen Nachrichten in beschämender Weise verrissen.
„Leopold Lindtberg hat sich mit einer billigen Banalisierung des Lumpazivagabundus ein neues Bravourstück der Abschreckung geleistet. Man darf fragen, was dieser Regisseur bei den Salzburger Festspielen verloren hat. Der Regisseur tauscht Witz gegen Witze und Witzchen, manchmal erschienen sie lange vor 1938 im Simpl erprobt worden zu sein."
„... vor 1938 erprobt ...?" Der Berliner würde sagen: „Nachtigall, ick hör' dir trapsen", und so dachte Lindtberg auch und klagte den Kritiker Josef Laßl. Georg Kreisler, der die textliche und musikalische Einrichtung des *Lumpazivagabundus* „verbrochen" hatte, bekam ebenfalls die üble Schelte vom Herrn Kulturkritiker, aber er klagte nicht.
Er sagte: *„Niemals einem Kritiker antworten, das macht alles nur schlimmer."*
Er hatte Recht. Josef Laßl wurde in erster und zweiter Instanz freigesprochen. Nach jedem Gerichtstermin, und es gab deren viele, erschienen immer wieder die beschämenden Zeilen in den Zeitungen.

* © Karl Kraus

Ich erlebte den wunderbaren Theaterzauberer *Leopold Lindtberg** als einen der uneitelsten und klügsten Film- und Bühnenregisseure. Über ihn schrieb *Hilde Spiel, „... dass wir in Lindtberg den wahren Nachfolger Max Reinhardts haben"*.
Aber der Eitelkeit des Provinzkritikers, dessen Name auf Kosten des weltbekannten Regisseurs plötzlich in allen Zeitungen stand, wurde gehuldigt.
Ich werde den Verdacht nicht los, dass in jedem Kritiker ein kleiner Sadist steckt.

Erinnern Sie sich noch an *Heinz Drache*? Ein wunderbarer Schauspieler, ein liebenswerter Kollege.
Wie viele Künstler, Politiker und öffentlichkeitsbewusste Gesellschaftstiger bediente auch er sich eines Zeitungsausschnittbüros. In Vorzeiten des „mail and fail" informierten diese lobenswerten Einrichtungen, auch Clipping-Service genannt, per Briefpost wo, wann und wie oft ein Name in Zeitungen aufschien. Nur so erfuhr man, ob auch im „Gummersbacher Boten" von dem Auftritt im Münchner Staatsschauspiel Notiz genommen wurde. Das ist nicht nur für den „Gummersbacher Boten", sondern auch für viele Künstler eine wichtige Information. Für ziemliches Geld konnte man sich bei einem Zeitungsausschnittbüro registrieren lassen. Dort saßen – für ziemlich wenig Geld – Studenten, Arbeitslose oder Hausfrauen, die alle Zeitungen nach dem Namen des Künstlers durchsuchten. Hatten sie ihn gefunden, wurde der

* Nicole Metzger: „Alles in Szene setzen, nur nicht sich selbst"

Artikel markiert, ausgeschnitten, auf einen Zettel, der die Adresse des Büros anzeigte, geklebt und an den Kunden geschickt. Jeder einzelne Ausschnitt wurde einzeln berechnet, auch dann, wenn er wortgetreu immer denselben Inhalt wiedergab. Der Künstler erhielt also ein dickes Kuvert, in welchem dieselbe Kritik vielleicht 100-mal enthalten war, weil sie in 100 verschiedenen Zeitungen nachgedruckt wurde. Vom Standpunkt des Zeitungsausschnittbüros war es logisch, jeden Ausschnitt einzeln zu berechnen. Es wäre weniger zeitraubend, aber auch weniger lohnend, einfach einen Ausschnitt mit dem Hinweis „erschien 100-mal" zu versenden. Rechnen Sie selbst!

Auch ich bediente mich längere Zeit des Service eines Zeitungsausschnittbüros. Dann wurde es mir zu blöd und zu teuer, und ich kündigte. Denn in Wien gibt es eine Parfümeriekette mit dem Namen *TOPSI*. Jeder Ausverkauf an liegen gebliebenen Seifen oder Duschhauben, täglich annonciert in allen Tageszeitungen, jedes *„30 % Sale bei TOPSI"* traf in zigfachen Ausschnitten bei mir ein. Die wenigen Ausschnitte über die wirkliche TOPSY hatte man übersehen, oder sie waren in der Übermacht der Parfümerie-Promotion untergegangen. Mein Anruf im Zeitungsausschnittbüro war ergebnislos. Die Zeitungsausschneider sind nicht verpflichtet, sich Gedanken über den Inhalt eines Artikels zu machen. Sie haben nur den Namen zu registrieren. *TOPSI* ist *TOPSY* und muss bezahlt werden! – Basta!

Aber nicht nur Wien bleibt Wien – auch Remscheid bleibt Remscheid …

Im Ruhrgebiet wurde ein Weihnachtsmärchen mit großem Erfolg aufgeführt. Von Aachen bis Remscheid erschien dieselbe Kritik, und diese war schuld daran,

dass auch *Heinz Drache,* der mit dem Märchen nichts zu tun hatte, seinem Zeitungsausschnittbüro sofort kündigte. Hundertfach erhielt *Heinz* Ausschnitte, in denen stand:
Zum Jubel aller Zuschauer trat der Drache auf und wedelte mit dem Schwanz!

ꕥ

Es ist eine Tatsache! Die Sachsen gehören seit Martin Luther zu den geschichtlich wegweisendsten Köpfen. Leibniz und Lessing, Nietzsche und Wagner, Erich Kästner, und – meine Garderobiere in Berlin, Frau Treitschke, genannt Minni. Sie überzeugte mich: Sachsen sind fleißig, intelligent und witzig. Minni war eine Meisterin im Umgehen eines Themas, um an ihr Ziel zu gelangen.
Damals schickten die Verehrer hinter die Bühne Blumen, die auf großen Bonbonnieren drapiert waren. Minni stand bereits wartend an der Garderobentür, denn sie war, im Gegensatz zu mir, eine *Süße*. Ich wartete schon darauf, wie sie mir diesmal die vergötterten Pralinen abschwätzen würde. Sie nahm die Blumen behutsam von der Bonbonniere, und während sie sie in einer Vase arrangierte, begann sie, langsam und ganz nebenbei, in ihrem liebenswerten Sächsisch zu sprechen:
„Wisse Se ieberhaupt, Frau Gübbers, dass jede Mensch uff was sichtich is? Uff Se, Frau Gübbers, da sin de Mannsleut sichtich. Nu, das habbch beobacht. Und ich, Frau Gübbers, ich bin ähm uff de Sissichgeiten sichtich!“

ꕥ

Mein zweites Engagement, als junge Schauspielerin, führte mich nach Gelsenkirchen.
Die Gage betrug damals 600 DM im Monat, und es war wichtig, ein preiswertes, möbliertes Zimmer zu finden. Ich fand ein sauberes Zimmer für monatlich 120 DM mit Badbenützung. Die Vermieterin zeigte mir das Bad. In der Badewanne stapelten sich bis zum Rand mit Kompott gefüllte Einmachgläser. Ich fragte vorsichtig, ob es nicht mühsam sei, täglich die Einmachgläser heraus- und wieder hineinzustellen?
Ein vernichtender Blick der Vermieterin traf mich von unten nach oben:
„An Kokotten vermiete ich nicht!"

ॐ

In Gelsenkirchen gaben wir eine Vorstellung von
Jean Giraudoux'
„Der trojanische Krieg findet nicht statt".
Die Theaterbesucher lasen das Plakat am Eingang
des Theaters, zuckten mit den Achseln,
und gingen wieder.

ॐ

Der Renner im deutschen Fernsehen sind Comedy-Shows. Verblödungsmechanismus für die Mattscheibengeneration.
Die Moderatoren, die den Zusehern ihre vermeintlich komischen Pointen mit dem Holzhammer einhämmern, haben ein schweres Leben.
Ihr Manager kommt und sagt:

„Also pass mal auf, mein Lieber! Die TV-Auftritte besorge ich! Gagenverhandlungen führe ich! Das Honorar kassiere ich! Die Flugtickets besorge ich! Das Hotel buche ich! Du brauchst nichts weiter zu tun, als komisch zu sein und mir 50% deiner Gage im Voraus zu überweisen.“

ೱ

Eher geht ein Kamel durch ein Nadelöhr, als dass eine Kuh auf die Bühne kommt.

Ein Meister spektakulärer Bühnendarbietungen ist der Schauspieldirektor und Regisseur *Claus Peymann*. Das Publikum, entzückt oder verärgert, verfolgt sein Tun mit Spannung und nimmt entzückt oder verärgert seine Publikumsbeschimpfungen zur Kenntnis. Nur in einem Fall bäumt sich die Volksseele in wildem Protest auf. Wenn es um den Tierschutz geht. Mit Menschen darf man alles machen – auch auf der Bühne –, mit Tieren nicht!

Peymann, hochgejubelt vom Feuilleton, war angetreten, um dem Stuttgarter Staatsschauspiel endlich den Duftstempel des wahrhaft neuzeitlichen Theaters aufzudrücken. In Form einer Kuh.

Das Stück, ein schwäbisches Volksstück, frei nach Molières *„Der Geizige“*, wurde zum exemplarischen Beispiel für den intellektuellen Einfallsreichtum eines Bühnendiktators. Ein Geiziger wird im Schwäbischen *Entenklemmer* genannt. Damit ist ein Mensch gemeint, der so geizig ist, dass er eine Hand unter den Pürzel einer Ente hält, um das Ei sofort in Besitz zu nehmen. Eine Ente auf der Bühne? – Unmöglich – entschied der Ausnahmeregisseur:

„Nee, Jeschnatter brauch ich nich. Wir nehmen eine Kuh, um ländliche Atmosphäre rüberzubringen.“
Ein ganzer Theaterapparat wurde in Bewegung gesetzt. Zunächst fand ein „Kuh-Casting“ statt, und in Stuttgart und Umgebung wurde ein Kuhfachmann gesucht. Man fand ihn, und man fand die Kuh. Es war ein älteres, gutmütiges Tier, welches im Aussehen und Charakter, nach Peymanns Ansicht, die richtige Besetzung für das Schauspiel war. Die Kuh, man hatte ihr den Namen Anna gegeben, wurde gemolken, von Stallmist und Kuhfladen reingewaschen, gefüttert und verladen. Anna ließ alles schicksalsergeben über sich ergehen.
Peymann schwärmte von seiner idealen Besetzung. Man mietete am Stadtrand von Stuttgart einen Stall und Anna wurde täglich zu den Proben in das Staatsschauspiel chauffiert. Waren es die veränderten Lebensbedingungen? Oder war es die Theaterluft, die auch auf Zweibeiner mitunter verheerende Einflüsse hat? Auf Anna wirkte das Schauspielhaus wie der Eingang zum Schlachthof. Sie weigerte sich, so wie manche Stuttgarter, den Kunsttempel zu betreten, und nahm die Haltung eines störrischen Esels ein. Wie einzementiert stand sie vor der Treppe, die zur Bühne führte, und furzte denjenigen, die sie von hinten anschoben, ins Gesicht. Ein findiger Requisiteur schlug vor, die Treppe mit Stroh zu belegen. Sofort wurden Bühnenarbeiter ausgesandt, um in einem Reitstall, außerhalb von Stuttgart, Strohballen einzukaufen. Die Treppe wurde mit einem zentimeterdicken Strohteppich verkleidet. Mittlerweile tränten allen Arbeitern die Augen und alle brachen, bedingt durch die feinen Strohpartikelchen, in einen Dauerhusten aus. Der Aufgang zur

Bühne versank in grauen Dunst. Die Schauspieler mussten auf allen Vieren über die Treppe zur Bühne robben. Ansonsten bewirkte der Strohteppich nichts, denn Anna blieb „festgemauert in der Erden …". Manchmal schnaubte sie ärgerlich, um sich Luft zu verschaffen. Also schaffte man sie zurück in ihr Domizil und die Putzbrigaden rückten an, um Stroh und Kuhmist zu beseitigen. Der Geruch blieb. Einer Putzfrau kam der rettende Einfall:
„Hano, warum schaffe Se des Viech net mit de Lasteaufzug nach obe?"
Als Anna am nächsten Tag zur Probe eintraf, wartete bereits der Lastenaufzug, in dem ansonsten die Kulissen für Schiller und Shakespeare transportiert werden, auf seine heikle Fracht. Ein weicher Strohteppich bedeckte den Boden, ein Berg Klee und eine Wassertränke winkten als luxuriöses Einstiegsignal. Anna wandte angewidert den Kopf weg. Der Kuhfachmann zog Anna mit einem Stock ein paar Hiebe über ihr Hinterteil. Sie stieß einen bösartigen Kehllaut aus und hoppelte in den Aufzug.
Hier aber entlud sich der ganze Zorn der gepeinigten Kreatur. Sie öffnete langsam ihr Popoloch, und ein nicht enden wollender Schwall Kuhfladen spritzte auf die in der Nähe Stehenden. Direktor Peymann, der abseits zugesehen hatte, war plötzlich verschwunden. Aus der Intendanz kam bald darauf die schlichte Order, Anna auf ihre Alm zurückzubringen.
Die Gehirnfürze des Bühnenvisionärs, durch die arme Anna ruchbar geworden, stanken noch lange im Staatsschauspiel und im Kulturamt der Stadt.

Als er Wien verlassen musste, sagte der überbezahlte Burgtheaterdirektor:
„Ich fühle mich saumäßig ...“
„Du überschätzt dich“, sagte sein Nachfolger.

ᘓᘐ

Ich lebte lange in Berlin, und ich lebe in Wien. Fazit: Wien ist weise – Berlin ist klug!*
Der Berliner Humor kommt von innen nach außen.
Ein Taxifahrer setzte mich vor dem Hotel Kempinski ab, dessen Eingang mit einem roten Teppich belegt war. Der Taxifahrer erklärte mir, dass Anna Netrebko abgestiegen sei. Ich zögerte beim Aussteigen. Sollte ich wirklich über den roten Teppich gehen?
Der Taxifahrer: *„Jehn Se nur, Topsy Küppers is ooch janz jut!“*
Der Wiener Humor kommt von außen nach innen.
Eine Wiener Trafikantin:
„Gnä' Frau – san Sie net die Kopsy Tüppers? I hätt' Sie nie erkannt!“

ᘓᘐ

Wie man schlechte Laune vertreiben kann:
Zucken Sie mit den Achseln – was soll's!
Schütteln Sie den Kopf – so nicht! Nicht mit mir!!!
Schnipsen Sie mit den Fingern – wo ich bin, ist oben!
Dieses kleine Ritual, einige Male praktiziert,
ist wie ein Tanz.
Tanzende sind glücklich.

ᘓᘐ

* In beiden Städten lebt es sich fantastisch!

ERICH KASTNER
Geliebt und bewundert!

Ja, die Bösen und Beschränkten
sind die meisten und die Stärkern.
Aber spiel nicht den Gekränkten,
bleib am Leben, sie zu ärgern!

Es gibt Männer, die man nie vergisst, wie Bücher, die man immer wieder liest.
„*So geht es mir mit Erich Kästner*", sage ich, und bekomme als Antwort ein freundliches Nicken.
„*Jaja, Emil und die Detektive, das doppelte Lottchen …*"
„*Nein!*", begehre ich auf. „*Ich meine den anderen Kästner, den, dessen Texte wie giftige Pfeile immer genau ins Braune trafen. Dessen Liebschaften ungezügelt und dessen Mutterliebe zum Niederknien liebevoll war.*"
Bei dieser Antwort bekommen meine Gesprächspartner meistens die „toten Augen von London", weil dieser Kästner für sie kaum existiert. Und das ist schade, denn seine Bücher können uns nicht nur sprachlich begeistern, sondern auch zu einem klugen und heiteren Umgang mit dem Leben ermuntern.

Seien wir ehrlich,
Leben ist immer lebensgefährlich!

Immer wieder lese ich seine Bücher „*Gemischte Gefühle*", und erinnere mich dabei wehmütig an unsere Zusammenarbeit. Es war Anfang der sechziger Jahre in den

ERICH KÄSTNER
zum
100. Geburtstag
GEBET KEINER JUNGFRAU
Lieder und Texte von und über ERICH KÄSTNER

Münchner Kammerspielen. Unser Ensemble brachte Texte und Lieder von Kästner. Therese Giehse, Hannelore Schroth, Trude Hesterberg, Peter Lühr, Mario Adorf – was für Ausnahme-Schauspieler! Kästner kam manchmal zu den Proben. Er liebte die Frauen, und die Frauen liebten ihn, den immer elegant gekleideten kleinen Mann mit Krawatte, Hut und eingerolltem Regenschirm.

Als er mir freundliche Worte für die Interpretation seines Chansons *„Leben ohne Zeitverlust"* sagte, bedankte ich mich, und er antwortete:

„Man kann auch mit den Augen lieben."

Wenn die häuslichen Turbulenzen mit seiner Lebenspartnerin Luiselotte Enderle in Tätlichkeiten ausarteten, floh er in das Münchner Nachtleben. Er saß am Tresen der Eden-Bar und kippte einen Whisky nach dem anderen.

Die Barfrau fragte ihn: *„Herr Doktor, was machen Sie eigentlich so beruflich?"*

Kästner antwortete: *„Ich habe eine kleine Reimfabrik …"*

Die Barfrau: *„So was Komisches, da möcht ich aber nicht in Ihrer Haut stecken …"*

Kästner, leise: *„Das beruht im Moment nicht auf Gegenseitigkeit."*

Luiselotte ertränkte ihre Eifersucht in Alkohol. Die Haushälterin rief Kästner einmal im Theater an: *„Herr Doktor, was soll ich tun? Frau Enderle liegt betrunken auf dem Teppich!"*

„Breiten Sie eine Decke über sie, damit sie sich nicht erkältet", war seine lakonische Antwort.

Es gibt nichts Gutes, außer man tut es!

Als Kästner diesen schönen Gedanken festhielt, ahnte er nicht, dass es einmal einen Ort geben würde, wo man, wie sonst nirgendwo, seine Weisheit in die Tat umsetzen würde. Im *Erich Kästner Kinderdorf* wurde alles das geschaffen, was Kästner für Kinder wünschte. Noch kurz vor seinem Tod gab er einer reichen Verehrerin die Erlaubnis, in einer romantischen Mühle in Oberschwarzach ein Zentrum für vernachlässigte und geschändete Kinder zu gründen. Inzwischen ist der Zufluchtsort zu einem kleinen Dorf angewachsen, in welchem Gunda Fleischhauer und ihr therapeutisch geschultes Team die an Kindern begangenen seelischen und körperlichen Grausamkeiten heilen. Ganz im Sinne Kästners, *die Seele mit dem Körper, und den Körper mit der Seele* zu heilen. Oberschwarzach, Prichsenstadt, Neuses, idyllische alte Weinorte im Fränkischen, ziehen vor allem Menschen an, die weit weg vom Touristengemenge Natur pur suchen. Ein unscheinbares Schild weist den Weg in die *Steinmühle.* Ein fast spiritueller Ort – mit einem kleinen Kästner-Museum.

Kästner liebte Katzen. Manchmal bevölkerten drei oder vier Stück sein Haus in Schwabing. Einmal lud er mich ein: *„Kommen Sie uns besuchen, wir haben ganz außergewöhnlich fesche Katzen …“*
Ich lachte, und er sah mich erstaunt an. Dann erklärte ich ihm den Wiener Begriff der „feschen Katz“*.
„Ach, das kannte ich nicht“, sagte er.
Seither trage ich den leisen Stolz in mir, dass der weltberühmte Autor etwas von mir gelernt hat.

---

* wienerisch für flotte Biene

Die *Steinmühle* ist das kulturelle Zentrum im Erich Kästner Kinderdorf. Es hütet nicht nur 6000 Bücher Kästners, sondern auch die von Luiselotte Enderle gespendeten, ganz persönlichen Dinge und Möbelstücke aus der Schwabinger Villa. Seine kleine Schreibmaschine, seinen Stock, seinen Hut und vieles mehr. Einmal im Jahr ist die *Steinmühle*, anlässlich der Erich-Kästner-Kulturwoche, Treffpunkt bekannter Künstler, die sich der großen Kunst der Kleinkunst verpflichtet fühlen. Es gibt viele Tiere im Erich Kästner Kinderdorf, darunter auch Katzen …

Senden Sie einen kleinen „Rettungsanker" an:
Erich Kästner Kinderdorf Therapiehof:
IBAN: DE 54793501010000116111 ; BIC: BYLADEM 1 KSW
g.fleischhauer@erich-kaestner-kinderdorf.de

ꕥ

Der berühmte österreichische Bestsellerautor und Theaterkritiker F.T. liebte es, sich mit attraktiven, jungen Schauspielerinnen in der Öffentlichkeit zu zeigen, um zu demonstrieren, wie potent er sei. Allerdings berichtete der Kulissentratsch, dass er impotent sei.
Ich wollte es genau wissen und fragte eine Kollegin:
„Na, wie ist er denn so – dein Schriftsteller?"
Und sie schwärmte:
„Er ist umwerfend! Zuerst gehen wir ins Sacher essen. Dann in die Eden-Bar. Wir trinken Champagner und tanzen cheek to cheek. Dann gehen wir zu ihm …"
„Und dann? Was dann?", drängte ich sie.
Sie lächelte geheimnisvoll:
„Dann liest er mir seine Korrespondenz mit dem Zsolnay Verlag vor."

ꕥ

Traurig, aber wahr. Es wird viel geschrieben und wenig gelesen – von Verlagslektoren. Die mit gezielter Lässigkeit, zumeist in jugendliches Schwarz gekleideten Nickelbrillenträger schreiben freundliche Absagebriefe an Autoren, deren Manuskripte sie nicht eines Blickes gewürdigt haben.
Mein Freund Motti Steiner, einer der wenigen, die glauben, als freischaffender Autor existieren zu können, schickte sein neuestes Manuskript an zwei Dutzend Verleger.
Nur einer antwortete, indem er schrieb, Steiner möge doch noch an seinem Stil feilen. Motti hatte Tränen in den Augen. Ich riet ihm, nicht aufzugeben. Nach einigen Wochen kam er mir strahlend entgegen. Er lachte und schwenkte sein Manuskript.
„*Was sagst du, der Sessler Verlag hat geantwortet! Er schreibt, er findet mein Buch ausgezeichnet, aber leider passe es im Moment nicht in das Verlagskonzept.*“
„*Na, das ist doch schon etwas*“, sage ich.
Noch immer lachend gibt er mir das Manuskript. Ich öffne es und sehe – Motti hatte sein Manuskript mit lauter leeren Seiten verschickt.

Es gibt sie, diese „Erfolgsautoren“, die den Kopierstift zur Hand nehmen und sich an den Abschreibtisch setzen.

Neuerscheinungen werden der Gesellschaft vom Verlag mittels einer Buchpräsentation, und zwar samt möglichst aufgeblasenem Buffet und meist ebensolchem

Autor, vorgestellt. Buchhändler werden gebeten das neue Werk bestmöglich zu platzieren. Ist das Thema jugendlich-ordinär-spektakulär, erhält die Neuerscheinung für eine kurze Weile den Vorzug, an der Kasse oder im Schaufenster zu liegen. Bücher werden lange erdacht – schnell gemacht – und schon verramscht. Umso erstaunlicher ist es, dass das Buch von Eckard Henscheid seit zig Jahren erhältlich ist. Es heißt: ***Die Vollidioten!***

Liebe und Kunst sind geschaffen, um erlebt,
nicht um verstanden zu werden.

Ich machte die Erfahrung, dass Geschmeidigkeit das oberste Prinzip der Diplomaten einer Botschaft ist. Und so passiert es, dass die meisten, die den schwierigen Posten eines Kulturattachés übernehmen, sich übernehmen.
Man sagt, das Geld ist knapp, aber das stimmt nicht. Knapp ist das Wissen derjenigen, die ein knappes Budget für Aufführungen verwenden, welche bereits als Flop vorprogrammiert sind.
Ein für mich ziemlich undurchsichtiger Vorgang ist die Tatsache, dass Diplomaten zweckentfremdet positioniert werden. In meiner mehr als vierzigjährigen Herumzigeunerei erlebte ich dieselben Personen in immer wechselnden Arbeitsbereichen. Zum Beispiel gab es einen ausgezeichneten deutschen Diplomaten für Heeresbelange. Als ich ihn nach vier Jahren in einem anderen Land wieder traf, war er Kulturattaché. Von

Erich Kästner kannte er nur „Pünktchen und Anton", und über seine Ankündigung eines „Concert of Contemporary Music", breitet man besser den Mantel des Schweigens. „Im Dienste unseres Landes", tönt es laut, und dann schadet man seinem Land, weil immer wieder Leute bis zur Unfähigkeit befördert werden. Das verstehe, wer will ...

Aber ich möchte von einer der fähigsten, und überflüssigerweise auch noch schönsten Frauen im diplomatischen Dienst berichten, von *Barbara Taufar.* Als die Journalistin zur Kulturdirektorin der österreichischen Botschaft in Tel Aviv avancierte, zuckten die „gelernten" Diplomatinnen mit den Achsel und nannten sie herablassend *„die Quereinsteigerin"*. Waren es *Barbaras* irisierende Augen, die sich zu Raubtieraugen schlitzten, wenn der Botschafter einen zaghaften Einwand gegen ihre hochfliegenden Pläne machte? War es ihr Charme, ihr Können, oder ihr perfektes Hebräisch? Jedenfalls war sie die Erste, die das Kulturamt* für Robert Musil und Peter Handke öffnete und die üblichen Wienerlied-Gastspiele für längere Zeit im Dunkel stehen ließ. Sie durfte sich im Wohlwollen des damaligen Bundeskanzlers Bruno Kreisky sicher fühlen, und arrangierte sein erstes Treffen mit Jassir Arafat. Ihr Fleiß verunsicherte diejenigen, die der Meinung waren, ein Botschafter brauche lediglich einen guten Magen – wegen der vielen Buffets – und handgearbeitete Schuhe für das lange Herumstehen.

Es war bekannt, dass ihre Eltern stramme Nazis gewesen waren, aber niemals versuchte *Barbara* diese Tatsache unter den Tisch zu kehren.

---

* heute Kulturforum genannt

Als ich sie deswegen ansprach, meinte sie: *„Das ist meine Form der Wiedergutmachung, obwohl man nichts wieder-gut-machen kann.“*
Private Affären von Botschaftsangehörigen wurden oder werden immer stillschweigend übergangen, oder glattgebügelt.
Bei *Barbara* waren sie Thema Nummer eins in den Büros, den Klatschspalten, und auch in den Fantasien der Neidgenossinnen.
Als sie sich aus dem diplomatischen Dienst verabschiedete (oder verabschiedet wurde?) schrieb sie ihre Biografie *„Die Rose von Jericho“**. Das in ihrer Zeit als Kulturattaché Erlebte steht im Vordergrund, musste im Vordergrund stehen. Das wusste die Autorin und das verlangte der Verlag, denn je indiskreter eine Geschichte, desto unterhaltender.
Die Buchpräsentation fand in meinem Theater statt.
Es freute mich, dass ich einige Kapitel aus *„Die Rose von Jericho“* vorlesen durfte. Als die Vorstellung pressemäßig bekannt gegeben wurde, läutete in der *Freien Bühne Wieden* ununterbrochen das Telefon. Hochrangige Politiker, Diplomaten und bekannte Künstler, die ansonsten ihre Kartenvorbestellungen nur über ihr Sekretariat erledigen lassen, meldeten sich persönlich. Scheu oder vertraulich stellten alle dieselbe Frage:
„Komme ich im Buch vor? Und was schreibt sie über mich?“
Auch an ihre Begegnung mit *Zubin Mehta* erinnert sich *Barbara*. Ich wunderte mich, denn er war der ein-

* Die Rose von Jericho ist eine duftende, wunderschöne Wüstenblume, die nur eine Nacht blüht.

zige im Buch erwähnte Mann, von dem keine besorgte Rückmeldung kam.
Ich denke, dass der weltberühmte Dirigent und Geiger sich wohl bewusst war, dass seine Auftritte, gleich wo und welcher Art, immer nur von Bewunderung begleitet werden.

ꕤ

Die Österreicher glauben, alles, was nicht ausdrücklich gesetzlich verboten ist – ist erlaubt!
Die Deutschen glauben, alles, was nicht ausdrücklich gesetzlich erlaubt ist – ist verboten!

ꕤ

In Berlin begann Georg Kreisler seinen Chansonabend mit einem Klavierglissando.
Danach folgte ein Moment der Stille. Eine Männerstimme aus dem Zuschauerraum:
„Der Ton stimmt – det Klavier wird jekooft!“

ꕤ

Das Ende des Chansonniers!

Einmal wird der Mann dort am Klavier
nach dem fünften Schnaps zusammenfallen.
Die Souffleuse trinkt ihr letztes Bier.
Im Parkett hört man Touristen lallen …

Es wird plötzlich still sein im Lokal.
An der Bar flucht jemand: „So 'ne Scheiße,
warum singt der Alte nicht noch mal?"
Dann schlürft er 'ne Suppe,'ne brühheiße.

Und man unterhält sich ungeniert,
ohne auf den Chansonnier zu achten.
Doch der Mann ist längst krepiert,
während noch die beiden Nutten lachten …

Erfolg lässt sich nicht erzwingen.

ES GIBT WENIG SCHAUSPIELER DIE GUTE POLITIKER SIND, ABER VIELE POLITIKER DIE GUTE SCHAUSPIELER SIND.

Wenn ein Minister grapscht, wird er bewundert.
Wenn eine Ministerin grapscht,
kommt sie in die Psychiatrie.

ꕥ

Um wieder an Erich Kästner zu erinnern – ja – *„Mein Herz schlägt links!"*
Armes Herz, enttäuscht und verwundet.

ꕥ

Die Genossen sagen: *„Der Zweck heiligt die Mittel."*
Ich erkenne: *„Diese Mittel vernichten den Zweck"*, weil die Machthaber nicht gelernt haben, mit der Macht umzugehen.
Stümper werden in hohe Positionen befördert, weil sie keine Konkurrenz bedeuten.
Und alle misstrauen der Ehrlichkeit.
Ich sprach darüber mit Herrn Obersenatsrat Sch.*:
„Aber ich bitte Sie, Sie sind doch in einer Stellung, in der Sie veranlassen können, dass etwas geschieht ..."
Sch. sah mich mitleidig an:
„Sie irren, gnädige Frau – ich bin dazu da, um zu verhindern, dass etwas geschieht ..."

ꕥ

* Gesprächsnotiz 2006

Man liest oft: *„Er hat viel in der Partei aufgebaut …“*
Niemand schreibt, wen er dafür zerstört hat.

Österreich hat neun Bundesländer. Wien, Niederösterreich, Salzburg, Steiermark, Oberösterreich, Vorarlberg, Tirol, Kärnten und das Burgenland. Politisch ist jedes Bundesland gegen jedes, und alle gegen Wien. Wie man in Deutschland das schöne Friesland mit Friesenwitzen verunglimpft, so trifft dasselbe Schicksal die Burgenländer.

Bekanntlich ist der burgenländische Rotwein international hoch gepriesen und anerkannt. Das hat zur Folge, dass das einstmals bitterarme Burgenland eine nicht nur touristisch gefragte Region wurde – und viele Burgenländer äußerst wohlhabend. Trotzdem sieht man an den romantischen Häusern der Weinbauern, an einer Seite oft eine hässliche Eternitwand. Keine schöne, aber durchaus praktische Maßnahme, um das Haus vor den scharfen Pusztawinden und Regenstürmen zu schützen.

Ein reicher Weinbauer, der gleichzeitig als politischer Funktionär des linken Politflügels aktiv war, kaufte sich einen Bentley. Der Verkäufer offerierte dem Käufer alle Extras des Nobelschlittens.

„Wünschen Sie ein Armaturenbrett aus Teakholz?“
„Jojo, is scho recht …“
„Eine kleine Bar mit Kühlfach?“
„Jo, wann's des gibt, moch'n S's eini …“
„Und vielleicht am Boden kleine echte Teppiche?“
„Jo, freili …“

Dann dachte der Weinbauer eine Weile nach, und sagte:
„Obar auf der linken Seite brauch i a Eternitwand!“

Die Geschichte machte sogleich die Runde und erreichte die Genossen in Wien.
Als der Weinbauer zum Parteitag in Wien erschien, fragte ihn ein Funktionär hämisch:
„Warum lachen alle über die Burgenländerwitze?“
Der Weinbauer antwortete:
„Weil wir es satt haben, über euch Wiener zu weinen.“
Man täusche sich also nicht in den Menschen aus der Provinz. Manchmal ist der Horizont derjenigen, die sich für den Parteimittelpunkt halten, provinzieller. Viele unserer größten Denker und Künstler kamen aus den verschlafensten Nestern.

ꕥ

Die Zeitung *Die Presse* schrieb, *Bruno Kreisky* sei der größte politische Taktiker.
Kreisky sagte: *„Wenn ich einmal steif daliegen werde, schreibt die Presse, das ist mal wieder so eine Taktik von ihm …“*

ꕥ

Humor ist den Politikern verloren gegangen. Schlagfertigkeit wurde zum Fremdwort.
Das war nicht immer so.
Bundeskanzler Dr. Konrad Adenauer gelang es mit einem Satz, einen eitlen Redner, der es gewagt hatte, den greisen Kanzler zu kritisieren, verstummen zu lassen.
Nachdem der Minister seine Rede beendet hatte, ging der alte Herr zum Rednerpult, wandte sich langsam dem Minister zu.

Adenauers einziger Kommentar war:
„Sajn Se mal, Herr Schröder, weiß Ihre Frau eijentlich, dat Sie eine Freundin haben?“

ꟾ

Frauen mit Vergangenheit lieben Männer,
die Macht haben.
Macht ist immer lieblos – Liebe macht uns machtlos.

Wie angenehm ist es doch, ohne längeren Aufenthalt, ohne Pass- und Zollkontrollen die Grenzen der EU-Staaten passieren zu können!
Wie besonders angenehm für jene Individuen, die diese Erleichterung für ihr kriminelles Tun ausnützen. Autodiebstahl und Einbruch wurden zum Alltagsproblem, bei dem die Polizei überfordert ist.
Nach dem Einbruch in meiner Wohnung hörte ich vom Revierinspektor den tröstlichen Satz:
„Sie sind heute schon der achte Einbruch in unserem Bezirk ...“
Wie lautet der wahre jüdische Spruch? – *„Wenn Gott eine Tür zuschlägt, öffnet er ein Fenster!“* *

Das Öffnen von Fenstern und Türen für Diebe unmöglich zu machen, ist das Geschäft der Sicherheitsschlossverkäufer, und es boomt. Alarmanlagen mit jeder Reichweite – und in vielen Preislagen –, Lichtsensoren, Fotolinsen und Eisenverstrebungen, alles soll dem

* Diebe nehmen diesen Satz gerne wörtlich.

Schutz unserer Habe dienen, dient aber zunächst dem Verdienst der Verkäufer. Da das Anbringen und Aufbringen der raffinierten Schutzvorrichtungen in den Medien, in Funk und Fernsehen detailliert gezeigt wird, ist jeder Einbrecher ebenfalls genauestens informiert. Resultat – er kennt sich mit der Anlage zumeist besser aus als der Besitzer.

Das größte Geschäft machte ein Geschäftsmann, der eine wirklich bestechende Idee hatte. Er beauftragte einen Tontechniker, eine so genannte „Zehn-Stunden-Schleife" zu bespielen. Auf diesem Tonband hörte man in kurzen Abständen folgendes: Radiomusik – Schleudern der Waschmaschine – Telefonläuten – Stimmen – Türenschlagen, und zum Schluss das Rauschen der Klomuschel. Dieses Tonband wurde in einer Wiedergabeapparatur montiert. Sobald nun jemand das Türschloss berührte, drangen die Alltagsgeräusche durch die Wohnungstür und simulierten – während der Abwesenheit der Besitzer – ihre Anwesenheit. Monatelang war die Erfindung der Renner der Saison, bis – ja, bis die Polizei feststellte, dass vor allem in jenen Wohnungen eingebrochen wurde, in denen die Tonschleife lief. In den Zeitungen schrieben die Journalisten bereits hämische Artikel über das Kuriosum.

Eines Tages kam eine junge, hübsche Person weinend auf das Polizeirevier. Sie wolle eine Anzeige erstatten. Ihr Freund habe sie verlassen.

„Liebes Fräulein", sagte der Revierinspektor väterlich, *„für abhanden gekommene Liebhaber sind wir nicht zuständig. Oder hat er was verbrochen?"*

„Er hat mich belogen!", schluchzte sie. *„Er hat gesagt, er liebt mich, aber er wollte nur die Adressen …"*

Der Einbrecher hatte die Idee gehabt, sich über den

Umweg von Liebesschwüren an die hübsche Sekretärin, die im Geschäft des cleveren Erfinders arbeitete, heranzumachen. In erotischen Nächten soll sich ja auch der Verstand des Öfteren mit dem Orgasmus entladen, und das war auch bei der Sekretärin der Fall, und sie gestand:
„Ich hab' mir nix dabei gedacht, als er gefragt hat, was das für Leute sind, die sich so was montieren lassen. Erst als er nicht mehr kam und ich die Zeitungen gelesen hab', bin ich drauf gekommen – so ein Schwein!"
Der Inspektor beruhigte die Unglückliche und sagte, dass man keinem Mann an der Nasenspitze ansieht, was er wirklich beabsichtigt.
„Sehen Sie, liebes Fräulein", sagte er, und gab ihr eine Tasse Kaffee. *„Keinem Mann sieht man an, ob er ein Heiliger oder ein Verbrecher ist. Wir verhaften Verbrecher im Overall, mit Gesichtsmaske, im Nadelstreif, im Ferrari, und sogar in der Uniform eines Polizeidirektors."*
Aber das Letzte sagte er ganz leise.

ꟸ

Der große Charakterschauspieler *Fritz Muliar* bezeichnete sich immer als leidenschaftlichen Patrioten. Bei einer öffentlichen Veranstaltung auf dem Heldenplatz in Wien rief er: *„Es lebe Österreich!"*
Ein alter Pensionist ruft *zurück: „Herr Kammerschauspieler – von was?!"*
Muliar, ein kämpferischer Sozialist, sagte mir nachher: *„Zuerst verliert man die Lust, und dann die Zähne ..."**

ꟸ

* Vielleicht meinte er es auch erotisch?

Es geschah nicht beim Kölner Karneval, aber niemals war der Kölsche Spruch: *„Alaaf Kölle – en wenn et versönk!“* treffender als bei der Ausflugsdampfer-Aktivität, die die neofaschistische *Pro-Köln*-Partei arrangiert hatte. Eingeladen waren ebenfalls Rechtspopulisten aus den verschiedensten EU-Ländern; aus Frankreich, Italien, Holland und Österreich reisten sie an, diese Typen, politisch links und rechts stets Ärgernis erregend. Ausgerechnet das schöne, liberale Köln hatten sie sich für ihren Werbefeldzug ausgesucht. Der Dampfer sollte nach einer Rheinfahrt in Köln ankern, dann wollte man in Gruppen in exklusiven Hotels absteigen, um dort ihre verqueren Gesinnungssprüche den Kölnern kundzutun.

Zunächst geschah das Übliche. Eine provokante Meldung wurde den Medien zugespielt. Diesmal hieß sie: *„Mit dem Ausflugsdampfer gegen den Islam!“* Die Reaktion von Publikum und Presse war ebenfalls wie üblich. Zahlreiche Protestrufe verlangten die Absage dieses Unternehmens. Selbstverständlich lehnten die Neonazis dieses Ansuchen ab, woraufhin sie wiederum einen Pressewirbel hervorriefen. Fazit: Sie waren wieder groß im Gespräch, und das war ihre Absicht.

Der oberste Wirrling erklärte: Man *„sähe den fünfzig oder hundert ausgeflippten Typen, die am Ufer gegen Pro-Köln demonstrieren würden, gelassen entgegen. Aber man würde sie gerne zu einem Glas ‚Kröver Nacktarsch‘** *auf das Schiff einladen.“*

Und nun geschah etwas, wofür man vor allen aufrechten Kölnern den Hut ziehen sollte. *Alle* Hotelbesitzer

* Feine Weinsorte

erklärten unisono, es gäbe keine freien Zimmer mehr. Und statt der von *Pro-Köln* erwarteten fünfzig Demonstranten standen über *fünfzigtausend* Kölner am Ufer des Rheins und demonstrierten. Sie machten das ganze Unternehmen lächerlich, wissend, dass Lächerlichkeit tötet. Noch lächerlicher machte sich allerdings ein österreichischer rechtspopulistischer Schreihals. (Warum kommen diese immer aus Österreich?)
Er verlangte vom österreichischen Fernsehen die Verlautbarung eines Protestschreibens und eine Entschuldigung.
Die Reaktion des Intendanten: „*Net amol ignorieren …*"
Wofür man auch vor diesem Mann den Hut ziehen sollte.

ꟸ

Dass Dinge sich so abspielen, liegt daran,
dass wir zulassen, dass sie sich so abspielen.

Vorsicht! Neuerdings gibt es den Beruf des
Meinungsmachers.
Sein Ziel ist es, aus unserer Meinung
eine andere zu machen.

Eine Freundin von mir jubelte:
„*Sobald der Bundespräsident spricht, brauche ich kein Schlafmittel mehr!*"

Manche Politiker wirken auf uns nur deshalb
überzeugend,
weil sie für alles eine Erklärung haben.

ꕥ

Es ist ein Irrtum zu glauben, überzeugte, linke Gewerkschafter seien keine frommen Katholiken. Bei einem Fronleichnamsumzug sangen einige statt

„Großer Gott, wir loben dich …“
„Wer hat dich, du mein Gehalt,
abgebaut so hoch da droben …“

ꕥ

Lange vor *Alice Schwarzer,* nämlich 1868, verlangte der internationale Frauenverband *Gleichberechtigung statt Gefälligkeiten.* Als besondere Gefälligkeit, für Frauen in leitenden Positionen, brachte eine Kosmetikfirma neulich ein kostbar aufgemachtes Kosmetikset heraus. Bestechend schön und teuer. Nach einigen Wochen verschwand es lautlos vom Markt, nachdem man festgestellt hatte, dass nur 16 Prozent aller Frauen in Positionen arbeiten, die ihnen erlaubten, sich ein solches Luxuskosmetikset leisten zu können.

ꕥ

Die *Grünen* Politikerinnen behaupten,
sie sind stark im Kommen!
Wie meinen die das?

ꕥ

Warum sind Wählerinnen nicht wählerischer?

ᘓᘐ

Die Emanzipation hat eine bedauerliche Wendung gebracht.
Nun sagen die Männer:
„Nicht jetzt, Liebling, ich hab' Kopfweh!"

ᘓᘐ

Man glaubt es nicht, aber die Irrungen und Wirrungen der antiautoritären Erziehung bestehen bis heute. Ich glaubte sie mit der Periode der Alt-Achtundsechziger abgetan, – weit gefehlt, wie mein Erlebnis in der Berliner S-Bahn beweist.
In der S-Bahn saßen sich die Fahrgäste gegenüber. Mir gegenüber eine unscheinbar aussehende Frau mit ihrer kleinen Tochter. Ich schätzte sie Anfang dreißig, Daneben eine gut gekleidete ältere Dame, in einem Pelzmantel aus Rotfuchs. Das kleine Mädchen rückte immer näher zu der Dame und kuschelte sich an ihren Pelz.
Drei oder vier Plätze neben mir lümmelte ein Punk. Die Hälfte seiner Haare war abrasiert, die nicht rasierte Hälfte leuchtete in grellem Violett. Sein Kopf ruhte an der Rückenlehne, und während er seinen Kaugummi von einer Backe in die andere schob, beobachtete er unter halbgeschlossenen Lidern das kleine Mädchen. Das Kind, fasziniert von dem Rotfuchsmantel, rutschte immer näher zur Trägerin. Verbindlich lächelnd nickte diese der Mutter zu, die davon keinerlei Notiz nahm. Als die Kleine begann, den Rotfuchs zu streicheln, und ihr tropfendes Näschen in den Pelz wühlte, rückte die Dame beiseite. Aber

das pelzbesessene Kind rückte wieder nach, zupfte und versuchte Pelzhaare auszureißen. Das Lächeln der Pelzträgerin erstarrte und sie sagte zur Mutter:
„Würden Sie bitte die Kleine zu sich nehmen ...“
Die Mutter antwortete gelangweilt:
„Nee – Warum?“
Nun wurde die Dame heftiger.
„Ja sehen Sie nicht, was Ihre Tochter macht? Das geht doch zu weit!“
Die Mutter, immer noch unbeeindruckt von der Erregung ihrer Sitznachbarin, sagte:
„Interessiert mich nicht. Meine Tochter wird antiautoritär erzogen. Sie kann machen, was sie will.“
Plötzlich erhebt sich der Punk, und baut sich in seiner vollen Länge vor dem Kind auf, nimmt seinen Kaugummi aus dem Mund und patscht ihn der Kleinen auf die Stirn. Die Mutter schreit auf, darauf sagt der Punk in aller Ruhe:
„Ick bin ooch antiautoritär erzojen worden – ick kann ooch machen, wat ick will!“

Im Bundesheer gibt es verschiedene Soldaten.
Die männlichen dienen, die weiblichen bedienen,
die alten müssen abdienen.

Ein alter Sozialist kommt mit einem Koffer zur Parteizentrale.
„*Was hast du darin, Genosse?*“, fragt der Funktionär.
„*Darin ist unsere Regierung*“, antwortet der alte Mann.
Der Funktionär wird neugierig. „*Lass mich sehn ...*“
Der alte Genosse öffnet den Koffer.
Der Funktionär: „*Aber da sind ja lauter Lumpen?*“
Der alte Genosse: „*Stimmt!*“

Ein linker, von seiner Partei enttäuschter Politfunktionär, ich kannte ihn nur fein gestylt im Blazer mit roter Krawatte, kam mir nachlässig gekleidet entgegen. So betont nachlässig, dass man sofort bemerkte, wie viel Kopfzerbrechen es ihm gemacht hatte.
„*Was ist los mit dir?*“
„*Ach, weißt du ...*“, sagte er und drehte sich gelangweilt eine Zigarette aus einem stinkenden Kraut. „*Ich hab, null Bock auf Politik. Als Politiker musste ich immer so aufrichtig lügen.*“
Ich lachte.
„*Selbsterkenntnis ist der erste Weg zur Besserung. Wenn es stimmt, dass Lügen kurze Beine haben, müsstet ihr auf dem Hintern daher kommen.*“
Er lachte nicht.
„*Ich will mit keinem Programm etwas zu tun haben. Keine Politik – kein – Bio – kein Jogging – kein Mobbing – ich bin ein Verweigerer.*“
„*Meinst du das ernst?*“
„*Selbstverständlich – ich bin ein Pfadfinder – jeden Tag eine gute Tat – für mich selber.*“
Ich sah verständnislos an seiner Kleidung von unten nach oben.

„Weißt du, dass die Hersteller vom so genannten Fetzenlook mehr Umsatz machen, als Lagerfeld mit Chanel?"
Er zertrat seine Selbstgedrehte auf dem Gehsteig.
„Oligarchenchic – aha – das ist es, was du schön findest!?"
Er lachte laut.
Ich sagte leise:
„Ich erinnere mich, dass man dir einmal applaudierte, als du einem Schreihals bei einer Wahlveranstaltung ruhig sagtest, dass Lautstärke keine Überzeugungskraft ersetzt …"
„Vergiss es", sagte der gewesene Genosse. *„Wehe, du kritisierst deine Genossen – Feinde für's Leben …"*
„Und wovon lebst du jetzt?", fragte ich neugierig.
„Zweiter Bildungsgang – Physiotherapeut …"
Sagte es, steckte beide Hände in die rückwärtigen Taschen seiner Jeans, und schlenderte davon.

Der Therapeut

Ich bin der Mann, der früh um acht
bei Damen leis' Besuche macht …
Sie öffnen mir halbnackt die Tür
und nicken nur: „Beginnen wir …"

Es fällt das Hemd, sie legt sich flach
und seufzt ein leises Oh und Ach …
Ich nehm die Brust, ich nehm den Fuß,
und wenn sie noch so stöhnt – ich tu's!

Dann dreh ich sie behutsam um,
darum kommt keine drum herum.
Die Zeit verfliegt, die Uhr schlägt neun!
ich packe meine Sachen ein.

Vergesse nichts, auch nicht das Geld,
das lächelnd sie entgegen hält.
Ich bin der Mann, der früh um acht,
bei Damen leis' Besuche macht.

Bin Profi und kein Amateur,
Ich bin Masseur!

ꕥ

*Parteiveranstaltungen, bei denen man vorgibt,
siegreich und glücklich zu sein,
sind eine gute Komödie.
Sie heilen manche von ihrer Verzweiflung.*

ꕥ

DAS MANNLICHE GLIED WIRD AUCH ALS WAFFE GEBRAUCHT

Sigmund Freud

Mich amüsiert der Chansonnier,
der über seine Liebe zu Frauen singt,
ohne je mit einer geschlafen zu haben.

ഇ

Angeblich beruhen fast alle witzigen Aussprüche von Homosexuellen auf Tatsachen.
Ich bin sicher, dass es stimmt, denn mit kaum jemandem kann ich so lachen wie mit meinen schwulen Freunden.
Als junge Schauspielerin diente ich meinen Freunden gerne als Alibi. Ich schlenderte mit ihnen Händchen haltend durch die Stadt, und das aus gutem Grund. Im Gegensatz zu heute, wo sich vom Politiker bis zum TV-Star alle „*outen*", gab es damals den § 175, in Österreich § 129, und der bedeutete:
„*Als Verbrechen werden nachstehende Arten der Unzucht bestraft:*
Das ist u. a. Unzucht wider die Natur mit Personen desselben Geschlechts.
Die Strafe ist schwerer Kerker bis zu fünf Jahren."
Bis 1970 gab es jährlich zwischen 400 und 600 Verurteilungen.

ഇ

Der bekannt homosexuelle Wiener Modezar Fred Adlmüller stand neben mir an einem Buffet. Ein hübscher, junger Kellner legte ihm die Delikatessen vor.

Fred: „*Wie alt sind Sie?*"
Der Junge: „*Siebzehn, Herr Professor.*"
Fred: „*Sie gehören ins Bett.*"

ᘛᘚ

Einer meiner Lieblingspartner im Film war *Hubert von Meyerink*. „*Hubsi*", wie wir ihn nannten, war die gebildetste und humorvollste Mischung aus Aristokrat und Komödiant, die mir je begegnet ist. Er verfügte über den trockenen Humor des Berliners und die unnachahmliche Attitude des empfindsamen Homosexuellen.

Er war ein hervorragender Charakterdarsteller, der litt, weil er in Filmen zumeist als schnarrender Angeber besetzt wurde.

Wir mochten einander sehr, weil wir über die selben Geschichten lachen und weinen konnten. Er seufzte: „*Man täuscht sich in nichts mehr als in den Männern …*"

Ich konnte ihm nur beipflichten. Nach Drehschluss zog es uns manchmal ins

„*Monokel*", eine kleine schummerige Bar in der Nähe des Kurfürstendamms. Die Attraktion war *André*, ein Transvestit aus Wien. Sie/Er war groß und dick. Er parodierte Claire Waldorf, Marlene Dietrich und wenn er Fritzi Massarys „Ich bin eine anständ'ge Frau …" röhrte, lachte man Tränen. Keine Mikrophone, keine Scheinwerferspiele, keine Verstärkerboxen und kein elektronisches Gedröhne. Nur ein exzellenter Pianist am Klavier und *André*. Der Österreicher zauberte das Berlin der wilden Zwanziger wie kein anderer auf das Brettl, und das Cabaret war jeden Abend

bummvoll. Zwischen seinen Chansons improvisierte er, und er improvisierte immer. Einmal sagte er:
„Ich bin im zweitschmutzigsten Geschäft der Welt tätig – im Showbusiness.
Das erstschmutzigste ist die Politik.“
Applaus!
Wir beobachteten die gleichgeschlechtlichen Paare, und es machte uns Spaß, Beruferaten zu spielen. Ich tippte bei dem eleganten, schlanken Herrn, der einem Typ, den man in die Abteilung Möbelpacker eingeordnet hätte, das Ohrläppchen anknabberte, auf einen Kostümbildner. Hubsi lachte schallend:
„Kind, da biste am falschen Dampfer, den kenn' ich, der is'n Staatsanwalt!“
„Wenn das der Hitler wüsste ...“, sagte ich, dachte an die vielen, die in der Nazizeit mit dem rosa Winkel gezeichnet und ermordet wurden, und fragte Hubsi:
„Hattest du damals keine Probleme?“
„Probleme schon, aber – wie heißt es so schön auf der Bühne und im Film? Wir sind noch einmal davon gekommen.“
„Wie hast du das geschafft?“
„Ich wusste einiges über einige. Ich kannte preußische Landjunker, bevor sie zur Leibstandarte Adolf Hitlers gingen. Sie waren groß, blond, schlank und gute Reiter. Ich hätte sie nicht von der Bettkante gestoßen, aber sie bevorzugten ihre Stallburschen. Einmal hätte mich die SA beinahe geschnappt. Nach meiner Vorstellung im Hebbeltheater schlenderte ich über den Alexanderplatz. Kommen zwei junge Kerle in SA-Uniform. Nette Jungs, denke ich. Die bleiben vor mir steh'n, breitbeinig, Daumen im Koppel, und schnarren mich an:

‚Wen hab'n wir denn da? Du bist doch der Dings, der – der Typ da – vom Film!'
‚Ja der bin ich, ich bin Schauspieler ...'
‚Bist een Jude, wie alle beim Tiater ...!'
‚Nein, ich bin kein Jude, ich bin Meyerink – von Meyerink!'
‚Du bist also keen Jude?', sagt der eine und kommt bedrohlich näher.
Kommt der Zweite ganz nah und sagt gefährlich leise:
‚Wenn de keen Jude bist, biste ooch nich beschnitten, oder?'
Der andere packt mich am Arm: ‚Da frach ick mir, wenn de nich beschnitten bist, kannst det ooch beweisen?'
Mehr gehoben als geschoben drängen sie mich in einen Hinterhof. Sie stellen mich mit dem Rücken an eine Mauer, und einer legt den Arm um mich.
‚Du bist keen Jude, Süßer – wat biste denn außer adelig?'
‚Bitte, glauben Sie mir, hier sind meine Papiere!'
‚Quatsch Papiere, du lügst', sagt der andere. ‚Los – Hose runter!'
Was soll ich dir sagen, Topsylein – es wurde ein reizender Abend."

„Weißt du, am liebsten wäre ich ein Priester ... unter meinesgleichen ... im goldbestickten langen Fummel, und immer mit dem rauchenden Handtäschchen mitten durch die Gläubigen."

Ein Ehepaar geht mit seinem 16-jährigen Sohn zur Berufsberatung.
Der Junge hat nur Popmusik und Videospiele im Kopf, was soll nur aus ihm werden?
Der Psychologe macht einen Test. Er stellte eine Flasche Wein und ein Buch auf den Tisch, dazu legt er einen Geldschein. Der Junge soll auswählen.
Dieser nimmt kurzerhand alles an sich.
„Tja", sagt der Berufsberater, *„dieser Test beweist – Ihr Sohn wird Priester."*

Die auflagenstärkste österreichische Zeitung besticht durch ihre Vielfalt.
Auf der Titelseite der Papst – auf der letzten Seite Schwulenangebote.
Dazwischen ganzseitige Annoncen.
„Halten Sie Ihr Becken sauber!"
(Die Putzmittelwerbung richtet sich jetzt auch an Prostituierte.)

Für den Begriff *Puff* gebrauchen die Franzosen das elegante Wort *Maison de Tolérance.* Aber – sind wir wirklich tolerant gegenüber dem ältesten Frauenberuf der Welt? Ich bezweifle es, obwohl doch jeder weiß, dass das Ehebett nicht die Stätte jahrzehntelanger Wollust bleibt. Auch jene Männer, denen das Ehebett offiziell verboten ist, besuchen das *Maison de Tolérance* – wie diese kleine Geschichte beweist.
Ein Novize begegnet zufällig dem Abbé, wie er das *Maison* verlässt. Entsetzt bemerkt er, dass sich der Geistliche bekreuzigt.

„Pardon, Euer Gnaden – ich verstehe, dass Sie in dieses Haus gehen, aber dass Sie sich beim Verlassen bekreuzigen? Das verstehe ich nicht."
„Aber mein Sohn", erwidert der Abbé gelassen, und er führt seine Hand zur Stirn, *„ich habe nachgedacht"*, er berührt seine Brust, *„habe ich meine Brieftasche"*, und zur Mitte des Körpers, *„und meine Hose geschlossen?"*

ꟈ

Anzeige im „Landboten":
Pfarrer (43) sucht perfekte Haushälterin. Nach Papstwechsel und Entscheidung des Konzils Einheirat möglich.

ꟈ

Wie nennt man eine Liebesnacht ohne Verhütung?
„Vatikanisches Roulette!"

ꟈ

A. liegt in der Badewanne und genießt ein Schaumbad.
B. kommt mit einer Moccatasse und zapft Wasser. Er kommt ein zweites, drittes und viertes Mal.
A. (entnervt): *„Sag mal, was treibst du da?"*
B. (beleidigt): *„Du nimmst ein Bad, und ich darf das Feuer im Wohnzimmer löschen ..."*

ꟈ

C. und D. liegen am FKK-Strand. Als C. aus dem Meer kommt, sieht er, dass D. sein Gemächt mit einer Zeitung zugedeckt hat.

C.: „*Was soll das?*"
D.: (geheimnisvoll) „*Für dich steht was in der Zeitung!*"

ꕥ

Der fleißige Homo: „*Ich bin gewöhnt, überall Hand anzulegen, auch an mich selber!*"

ꕥ

Ich kenne einige bisexuelle Männer. Sie haben Frau und Kind. Sie lieben beide – vor allem, wenn sie abwesend sind.

ꕥ

V. und M. gingen vor Gericht. Sie wollten sich trennen – für immer.
Weil – er sagte was – und er sagte was – so ging es hin und her. Dann gab V. dem M. eine Watschen*.
Auf Befragung des Richters antwortete M. weinerlich:
„*Ich ertrage seine Grausamkeit aus Schwäche!*"
V. antwortete:
„*V. gehört in die Abteilung Großkerkermeister! Er lässt mir keine persönliche Freiheit. Es ist aus – Schluss aus – für immer!*"
Der Richter entschied auf Auflösung der gleichgeschlechtlichen, eingetragenen Partnerschaft.
N.S.
Einige Monate später traf ich beide im Restaurant *Motto.*
Mein Erstaunen kommentierte V. mit:
„*M. ist von nichts so fest überzeugt wie von unserer Liebe …*"

ꕥ

* österreichisch: Ohrfeige

Frühlingshass*

Chanson für einen enttäuschten Homo

Da kommt er wieder, mit Liebesliedern,
mit Küssen und Stöhnen im Gras.

Da kommt er wieder, mit Duft von Flieder,
und zärtlichen Bissen aus Spaß.

Ich hasse den Frühling,
er gleicht einer Frau,
einem Flittchen, das alles verspricht und nichts hält.

Da kommt er wieder, die Kerle knien nieder,
und betteln, dass man sie fasst.

Da kommt er wieder, fühlt sich als Sieger,
berauscht unsre Sinne im Nu.

Da kommt er wieder, man singt Liebeslieder
beim ersten Rendezvous.

Ich hasse den Frühling,
er gleicht einem Mann, einem Playboy,
der alles verspricht und nichts hält.

Da kommt er wieder, der Ränkeschmieder,
der Frühling, dieser Filou!

---

*Text: T.K., Musik: Willy Fantel

Man soll ihn besingen
und sinnlich verbringen,
es wird nie gelingen –
denn:
Das Stöhnen im Gras,
die Bisse aus Spaß,
auf dies und auf DAS,
ist gar kein Verlass …

Nun wisst ihr, warum ich den Frühling,
den herrlichen Frühling so hass'!

ꕥ

Die Musik zum *Frühlingshass* komponierte *Willy Fantel.* Ein großartiger Pianist und Akkordeonspieler. Bei den Musikaufnahmen wollte Willy einem jungen Pianisten eine Chance geben. Eine Weile hörte er zu, dann rief er:
„Burschi, sei so lieb und zieh die Fäustlinge aus, bevor du spielst!"

ꕥ

DIE TECHNIK BEHERRSCHT UNS, NICHT WIR DIE TECHNIK!

Was haben ein weiblicher Busen und ein Mikrofon gemeinsam? Beides sind hochsensible Instrumente, und beide haben auf der Bühne einen hohen Stellenwert. Der vor Erregung bebende Busen der Schauspielerin, das Mikrofon als Phallussymbol vor den Lippen der Popsängerin, beides zieht die Blicke des Publikums magisch an. Niemals würde ein Mikroport, der winzige Ableger des Mikrofon, die gleiche Aufmerksamkeit erregen. Ein Mikroport kann man weder zärtlich vor den Mund halten, noch wie Tom Jones temperamentvoll von einer Hand in die andere werfen. Es steckt am Ausschnitt des Kleides, klebt am Ohr oder der Stirn des Musicalstars. Fast unsichtbar, aber nie unfehlbar, denn ein Mikroport ist tückisch. Ein Mikrofon bleibt auf der Bühne stehen oder liegen. Ein Mikroport klebt an einem wie ein lästiger Liebhaber. Verlässt man die Bühne und ein schlampiger Tontechniker vergisst den Regler herunterzuziehen, überträgt das Mikroport die privaten Gespräche in den Zuschauerraum. Das Publikum wundert sich dann, wieso sich eine Stimme, mitten im Spielgeschehen, über das Scheißpublikum beschwert. Um solchen Peinlichkeiten zu entgehen, schalten viele Künstler ihr Mikroport an dem kleinen Kästchen, das sie am Gürtel tragen, aus. Leider vergessen manche, es bei ihrem Auftritt wieder einzuschalten. Und dieser „Stummen von Portici“ kann auch der beste Tonmeister nicht helfen.
In Berlin spielte ich in der tausende Menschen fassenden Deutschlandhalle. Bei der Hauptprobe erlebte ich,

wie ein winziges Mikroport eine Fernsehrevue, die mit Publikum aufgezeichnet werden sollte, lahm legte. Jeder Künstler erhielt ein Mikroport. Das fingernagelkleine Ding wurde am Ausschnitt unserer Abendkleider befestigt. Das Kabel wurde mittels Leukoplast unter dem Kleid, über Hals und Rücken befestigt, und das Kästchen mit der Batterie an den unteren Körperregionen verankert. Der Tontechniker legte den winzigen Schalter auf Rot und den Finger an seine Lippen. Von nun an waren wir „auf Sendung" und überall im Saal zu hören. Fantastisch! Unsere Stimmen, auch die Stimmen derjenigen, die über keine Gesangstimme verfügten, klangen in der riesigen Halle voluminös oder schmeichelnd, ganz so, wie der Mann am Mischpult es für richtig hielt.

Nur bei einer Sängerin gab es Mikroportprobleme. Sobald sie auftrat, wurde ihr Lied von leisem Meeresrauschen begleitet. Die Aufnahme wurde unterbrochen. *„Kein Problem, kurze Pause, det hab'n wir ruckizucki"*, sagte der Tonmeister. Das Mikroport der Kollegin wurde ausgetauscht. Aber leider – nix ging *„ruckizucki"*, im Gegenteil! Es dauerte Stunden. Sooft auch ausgetauscht und verändert wurde, das Meeresrauschen blieb, sobald die Sängerin auftrat. Kameraleute, Ballett, Bühnenarbeiter waren längst Richtung Kantine abgewandert. Es war bereits Abend geworden, als man begann, die Lautsprecher zu untersuchen, dann wurde die Hauptprobe abgebrochen. Am nächsten Tag wurde uns erklärt, dass nun alle Mitwirkenden mit den neuesten und teuersten Mikroports verkabelt würden, und dann könnte es losgehen. Was los ging, war das Meeresrauschen beim Auftritt der Sängerin. Sie kreischte: *„Ich kann nicht mehr, ich* *sage ab!*" Der Tonmeister bekam einen mittleren Tobsuchtsanfall, und der amerikanische Regisseur mit dem schönen Namen *Don Cash* wollte „cash" ausbezahlt werden und abreisen. Stille. Ein alter Bühnenarbeiter sagte ruhig:

„Ick meene, mir jeht det ja nix an, aber so wie ick die beiden strammen Kameraden von die jnä' Frau sehe, sind die schuld."

„Unverschämtheit!", zischte die Sängerin und rauschte ab in ihre Garderobe, gefolgt von einem schweißüberströmten Tonmeister. Sie wurde wieder „entkabelt", und dabei stellte sich heraus, dass das kleine Mikroport zwischen den beiden „strammen Kameraden" bei jeder Bewegung des Busens ein leises Sch ... Sch ... Sch ... übertrug.

Hätte der Tonmeister statt seiner Monitoren auch die Künstlerin scharf beobachtet, wären der Produktionsfirma viel Geld und Ärger erspart geblieben.

Ich habe eine große Hochachtung vor altgedienten Bühnenarbeitern.

Das Handy ist das verbale Maschinengewehr unserer Zeit.

Wir tragen und ertragen sein Gedudel und Geschmudel mit uns, bis an die verschwiegensten Orte. Vor der Handymanie war die Gagenverhandlung mit einem Theaterdirektor ein Schlagabtausch wie beim Ping-Pong-Spiel. Zwei Personen kämpften um ihren Standpunkt. Dass dabei humorvolle Reaktionen beiderseits die umkämpfte Summe interessant machte, war obligatorisch. Einmal beantwortete der legendäre Filmproduzent Atze

Brauner meinen Gagenforderung mit dem kurzen Satz: *„Frau Küppers. Ich will Sie für einen Film, nicht für zehn Jahre!“*

Man sagt, die Handymanie töte Humor und Schlagfertigkeit. Das ist nicht immer der Fall, wie das Gespräch mit einem Musicalproduzenten beweist.

Dieser sich selbst unglaublich wichtig nehmende Typ und deshalb von allen Künstlern nur *Herr Wichtig* genannt, war nur über seine Sekretärin zu sprechen. Das heißt, er war *nicht* zu sprechen. Die allseits bekannte Floskel *„Der Herr Direktor ist in einer Konferenz …“* windet sich durch alle künstlerischen und unkünstlerischen Institutionen. Niemand kannte die Handynummer von *Herrn Wichtig*, aber jeder wusste, dass auch er der Handymanie verfallen war. Wann immer man ihm begegnete, drückte er ein Handy an seine Schläfe, winkte unwillig ab und war unansprechbar.

Einem Schauspieler (er schlief mit der Sekretärin) gelang es, die Handynummer zu ergattern, und *Herr Wichtig* meldete sich.

Es begann eine mit Respekt geführte Feilscherei um das Auftrittshonorar, wobei der Schauspieler versuchte, die Summe in die Höhe zu treiben. Die ablehnenden Antworten des Direktors drangen seltsam gepresst und abgehackt an das Ohr des Künstlers. Mit äußerster Konzentration lauschte mein Kollegen den Nebengeräuschen auf der anderen Seite und gelangte zu der festen Überzeugung – *Herr Wichtig telefoniert vom Klo …*

Nun setzte der Mime alles auf eine Karte, und rief: *„Herr Direktor, lassen Sie sich Zeit, aber drücken Sie vorher noch einen Hunderter raus!“*

Drei Monate intensiver Bühnenproben im Münchner Staatsschauspiel für *Dantons Tod. Fritz Kortner* inszenierte, ich spielte die Marion. Fritz Kortner, bewundert, gehasst – ich habe ihn geliebt. Sein unbeirrbarer Kampf um Aufrichtigkeit, sein Weltenschmerz, seine Schlagfertigkeit – unvergesslich!
Nur einmal fiel ihm keiner seiner Sarkasmen ein, und zwar ausgerechnet bei einem Bühnenarbeiter. Beleuchtungsprobe – und nichts war so, wie es der große Bühnenzauberer erwartete. Immer wieder ließ er die Scheinwerfer umstellen. Hans Christian Blech spielte den Danton und Kortner suchte für unsere Bettszene eine besondere Lichtstimmung.
Er schimpfte und grummelte. Der Beleuchter auf der Beleuchtungsbrücke, in zehn Meter Höhe, verstand ihn nicht. Kortner sank in seinen Regiestuhl. Da rief der Beleuchter: „*Herr Kortner, kommn S' auffi, am Weg geht so viel verlor'n!*"

Die Proben begannen um 10 Uhr. In Zeiten wie diesen sind Schauspieler bereits stolz, wenn sie pünktlich erscheinen. Wir waren damals eine Viertelstunde vor Beginn im Theater, um „eingestimmt" um 10 Uhr den Probenraum zu betreten.
Nur einmal kam ich einige Minuten zu spät. Ich entschuldigte mich bei Kortner mit dem blöden Satz:
„*Oh, Verzeihung! Hat die Probe schon begonnen?*"
Kortner sah mich mitleidig an.
„*Merken Sie das nicht? Man spricht bereits unnatürlich!*"

Täglich sehen wir im Fernsehen bekannte oder unbekannte Gesichter, die auf bekannte oder unbekannte Produkte hinweisen. Je prominenter ein Hinweiser, umso höher sein Preis, auch wenn das Produkt zum Schleuderpreis angeboten wird.

Wer mit Überzeugung – und mit einem fabelhaften Beleuchter, der es versteht, jede Unebenheit im Gesicht wegzubügeln – die Marke anpreist, kann für einen 20-Sekunden-Spot das Monatsgehalt einer Krankenschwester einstecken. Ich möchte aber Ihre Aufmerksamkeit von den strahlenden Gesichtern auf die Füße eines Kollegen richten.

Vor vielen Jahren bewarb mein Kollege, der Schauspieler und Kabarettist Fritz Korn, das Fußbad *Fußfrisch.* Man sah ihn im Fernsehen, wie er mit hochgekrempelten Hosenbeinen in einer kleinen Wanne stand, über sich einen aufgespannten Regenschirm (wozu, wusste niemand), und in die Kamera lächelte. Fritz sprach den Namen der Fußwohltat nicht aus, er blieb stumm, tat nichts, außer verschmitzt zu schauen. Dieser Werbespot flimmerte jeden Tag über die Mattscheiben und war ein großer Erfolg.

Fritz Korn war nicht nur eine Werbelokomotive, er war auch ein ausgezeichneter Schauspieler. Und deshalb engagierte ihn Fritz Kortner für eine Nebenrolle in *Dantons Tod.* Die Premiere im Staatsschauspiel München versprach außergewöhnlich zu werden. Bereits Wochen vorher waren alle Vorstellungen ausverkauft. Atemlos verfolgte das Publikum die einzelnen Szenen, bis zu dem Moment, als Fritz auftrat. Noch bevor er seinen ersten Satz sprechen konnte, hörte man Zischeln und Schmunzeln aus dem Zuschauerraum. Bald kristallisierten sich die Geräusche

und man konnte deutlich hören: *„Der Fußfrisch … das ist der aus der Werbung …“*
Die Zuschauer amüsierten sich. Sie machten sich gegenseitig auf den kleinen Mann, der nun im Kostüm eines französischen Revolutionärs versuchte, den Text von Büchner über die Rampe zu bringen, aufmerksam. Oh Schmach der falschen Popularität*, und Schnee von vorgestern, in einer Zeit, wo Burgtheaterdirektoren Kaffeewerbung machen.
Hans Christian Blech, *mein* Danton, sagte damals zu mir:
„Solltest du mich in einer Werbung sehen, musst du wissen, ich bin am Verhungern.“

ꕥ

In Zeiten wie diesen verwechseln Regisseure und Schauspieler das natürliche Sprechen mit Nuscheln. In TV-Sendungen gebärden sich manche als verbale Maschinengewehre. In Österreich wird, sogar bei berühmten Moderatoren, der Palast zum Balast und der Kreml zum Greml. Im Burgtheater hört man auf den vorderen teuren Plätzen genauso wenig wie auf den billigsten. *„Kortner, schau obi!“*

ꕥ

Die selbstverständlichsten Studiovorschriften sind manchmal nicht bis zu den oberen Chefetagen vorgedrungen. So auch der Grundsatz, dass niemand ein Studio bei Rotlicht betreten darf. Der Albtraum jedes Toninge-

*Der Schauspieler wurde umbesetzt.

nieurs ist, dass in dem Moment, wo die Aufnahme perfekt „im Kasten“ ist, sich die Studiotür knarrend öffnet. So geschah es. Der Intendant Dr. O. trat ein, das Team erstarrte und mir sprang die Kröte aus dem Mund, indem ich rief: *„Ein Intendant, der bei Rot ins Studio kommt, kann nur ein Schwarzer sein!“*
Alle grinsten, außer dem Intendanten, der seinen Posten durch die Seilmannschaft der ÖVP erhalten hatte. Niemand sprach es aus, aber wo blieben bloß in weiterer Folge die Hörfunkangebote?

ஐ

Ein von bösem Stolz besessener „Sendungsverantwortlicher“ im ORF erklärte uns sein Kulturverständnis: *„Was heißt hier Humor? Humor ist für nichts und niemand. Lachen soll'n die Leut', wurscht worüber!“*

ஐ

Theaterdirektoren damals und heute:
Rudolf Nelson:
„Herr Generaldirektor, ich möchte für mein neues Programm Ihren Saal im ersten Stock haben.“
„Mit Freuden!“
„Sie müssen allerdings einiges umbauen.“
„Gern.“
„Dann brauche ich Geld für die Vorschüsse an meine Autoren und Schauspieler.“
„Ja, natürlich.“
„Wie nennen Sie Ihr Programm?“, fragte Nelson verbindlich, wissend, dass der Titel wie eine Lokomotive wirken kann.

„Oij, sind wir gescheit!“
„Ausgezeichnet! Kommen Sie morgen vorbei!“ *

Und heute: Gespräch mit dem „Eventmanager“**.
Topsy Küppers:
„Herr Magister, ich möchte gerne für meine Produktion den Saal im ersten Stock haben.“
„Mit Freude. Der Saal kostet am ersten Abend 250.- Euro plus 20% UST, an folgenden Abenden 200.- Euro plus 20% UST. Jeder folgende Abend 220.- Euro plus 20% UST.
1 Techniker pro Stunde (bis Mitternacht) 44.- Euro plus 20% UST.
Am Wochenende 88.- Euro plus 20% UST.
Garderobe pro Stunde 27.- Euro plus 20% UST.
Für die Werbung, den Kartenverkauf, Reinigung und Publikumseinlass sind Sie verantwortlich.“

ꝏ

Jeder „Eventmanager“ sollte ein Jahr lang als Bühnenarbeiter lernen, was Bühnenarbeit bedeutet.

ꝏ

Der Generalintendant des ORF, Gerd Bacher, genoss es, wenn die Medien verkündeten:
„Gerd Bacher packt den Tiger in den Tank!“
Ein missmutiger Kabelträger sagte:
„Und wir holen dann wieder die Haare aus dem Vergaser!“

ꝏ

*Memoiren, Musik Verlag Berlin/Leipzig; **im E-mail belegbar

Für das österreichische Fernsehen, oder seine „Sendungsgestalter", sind Erich Kästner und Kurt Tucholsky keine Quotenbringer. Trotzdem versuchte ich einen Produktionsauftrag für eine Kurt-Tucholsky-Revue zu bekommen.
Die Reaktion des Programmgestalters:*
„Tucholsky? Ist das dieser ungarische Fußballer?"

ꕤ

Über den Unsinn, den unsere Kulturbestimmer verbreiten, zu lächeln, verschafft eine Art der Erleichterung. Sie plagen sich um die Erhaltung ihrer Macht, und uns plagen sie mit ihren sinnlosen Entscheidungen.
Wenn ich mich bei meiner goldenen Mutter darüber beklagte, sagte sie ungerührt:
„Hättest du was Anständiges gelernt!"

ꕤ

„Unter einem Regenschirm am AAAAbend – hängt man sich zum ersten Male ein ..."
Erinnern Sie sich an diesen netten, alten Schlager aus einer Zeit, als das Schlagzeug und elektronische Uffta-Uffta-Rhythmen noch nicht die Melodien zerschlugen? Mit *Vico Torriani* sang ich das Lied als Duett im Berliner Sportpalast. Ich erinnere mich nicht mehr an den Anlass, aber an ein tausendköpfiges Publikum. Der Regisseur hatte den umwerfenden Einfall, uns das Lied unter einem Regenschirm singen zu lassen. Die Proben verliefen einwandfrei, außer der Kleinigkeit,

*O-Ton der Intendanz: „Wir haben einen Bildungsauftrag!"

dass Vico Textprobleme hatte. Vor der Aufführung war er sehr nervös und schlug vor, dass er sich seinen Text in den Schirm kleben würde. Falls er „hängen" würde, brauche er nur nach oben zu sehen. Gesagt, getan. Wir treten auf – Arm in Arm – unter dem Regenschirm. Der fabelhafte Paul Kuhn setzt mit dem Orchester ein, und wir beginnen *„Unter einem Regenschirm am AAAAbend ..."*
Die erste Strophe klappt wunderbar. Bei der zweiten blickt Vico nach oben zu seiner Gedankenstütze – und verstummt. Der aufgespannte Regenschirm hielt das Licht der Scheinwerfer ab, und verdunkelte den Spickzettel. Kein Wort war erkennbar. So wurde aus dem Duett ein Topsysolo, begleitet von einem mitsummenden Schlagerstar.

Es gibt sie nicht mehr, die kleinen Dächer am vorderen Rand der Bühnen – die Souffleurkästen. Und mit ihnen verschwanden auch die Retterinnen in der Textnot, die Souffleusen. Jene hilfreichen Wesen, die aus der Froschperspektive die Bühnenstars und ihre Schwächen besser kannten als alle anderen im Theater Beschäftigten. Vom ersten Probentag bis zur letzten Vorstellung verfolgten sie mit den Augen und flüsternder Stimme ihre Hamlets oder Antigones. Sie wussten genau, wann sie ein einziges Wort hinaufzischen mussten, um den *Hängenden* wieder in seinen Text zurückzuführen. Sie waren Hellhörerinnen, denn die meisten wussten schon einige Sätze vorher: „Achtung jetzt hat er/sie einen Hänger."
Ich hatte immer große Achtung vor Souffleusen, zu denen nicht selten alte Schauspielerinnen gehörten, die

in Zeiten des Bühnenjugendwahns nicht mehr gefragt waren, die aber ohne das Theater nicht leben konnten. Ein kleiner Knopf im Ohr des Darstellers ersetzt heutzutage diese Zauberwesen, die Bühnengenerationen die Scham des Textversagens ersparten. Irgendwo an einem Monitor sitzt ein hilfreicher Mensch und murmelt den Text ins Mikrophon. Meine Freundin, die wunderbare *Gusti Wolf*, verzichtete auf diese Texthilfe, sie sagte mir: *„Es macht mich so nervös, lieber erfinde ich irgendeinen Text.“* Dass sie an einem Abend statt Mozart Nestroy sagte, verübelte das Publikum der 90-jährigen Schauspielerin keineswegs.

In meinem Theater verlangte ich von meinen Schauspielern das gleiche wie von mir. Absolute Textsicherheit ohne Souffleuse! Aus Sparsamkeitsgründen, versteht sich …

Bei der Uraufführung von *Pavel Kohouts* „Zyanid um Fünf“, hatte unser Star, *Winnie Markus*, erhebliche Textprobleme; also entschloss ich mich, als Souffleuse zu agieren. Diese Erfahrung vertiefte meinen Respekt vor dem Beruf der Souffleusen, denn ich war sicherlich eine der schlechtesten. In den gedanklichen Pausen, in denen Winnie, entzückend hilflos lächelnd, versuchte den Textfaden wieder zu finden, flüsterte ich ihr den Satz zu. Sie verstand ihn nicht. Ich wurde lauter, und sie verstand ihn falsch. Nach der Vorstellung lobte man mich: „Du warst sehr verständlich …“

Der Burgschauspieler *Attila Hörbiger* hatte, wie die meisten alten Mimen, mit zunehmendem Alter Textprobleme. Frau Swoboda, eine jahrzehntelang im

Dienst ergraute Souffleuse, wusste darum und rief Attila deutlich die Sätze zu. Lag es am Klassiker oder an ihrem Alter? – Frau Swoboda wurde müde und nickte ein wenig in ihrem Souffleurkasten ein. Der Schauspieler sah verzweifelt zu ihr hin, Frau Swoboda blieb stumm. Zornig stampfte Hörbiger mit dem Fuß auf, und rief, mitten in seinem klassischen Text, laut: *„Ich habe schon lange nichts von Frau Swoboda gehört!"*

Den Bühnenberuf ergreifen heißt: Die Hölle wählen!

Da ich seit sechzig Jahren beim Theater bin, weiß ich nicht, wie sich Neid und Missgunst in anderen Berufen auswirken. Aber ich weiß, dass ein großer Teil aller Kolleginnen erleichtert ausatmet, wenn andere verrissen werden. Sie werden vielleicht tröstende Worte finden, aber wirklich untröstlich über den Misserfolg anderer sind sie nicht.

O TEMPORA O MORES – O OPERA O ZORES

Überzeugung steckt an!
Sie kann Sehnsucht nach anderen Lebensumständen erwecken.

Es gab einmal einen berühmten Opernsänger. Er hatte eine große, voluminöse Stimme, und eine ebensolche Gestalt. Er hatte viel Besitz, aber wenig zu tun, denn er war beizeiten von der Bühne abgetreten. Mitgenommen hatte er eine beträchtlich hohe Pension der Wiener Staatsoper. Und er hatte eine kleine, intakte Familie. Deshalb wäre es an dieser Stelle unangebracht, seinen Namen zu nennen.
Es gab auch eine weniger berühmte Operettensängerin. Sie hatte eine hübsche Stimme, und ein ebensolches Gesicht. Sie hieß: Lori Jeanneé.*
Eines Tages rief mich Lori aus Deutschland an und jammerte, sie lebe in Scheidung, sie habe kein Engagement, und ob ich ihr einen Rat geben könne.
Da ich die meisten jüdischen Sprichwörter in mir verinnerlicht habe, sagte ich spontan: *„Ändere deinen Ort – und du änderst dein Geschick!“*
Diese Weisheit traf in diesem Fall den Nagel neben dem Kopf. Denn kurz darauf stand Lori vor unserer Tür. Sie war weiß gekleidet, und ein blonder Zopf baumelte bis zu ihrem Popo. Sie sah genauso aus, wie eine Operettendiva niemals aussehen würde. Außerdem trug sie einen kleinen Rauhaardackel auf dem Arm. Ich gestehe, dass dies für meine Gastfreundschaft ausschlaggebend war. Lori wurde also unser Hausgast. Sie war tagtäglich unterwegs und

*Mit Österreichs schärfster Edelfeder, Michael Jeannée, weder bekannt, verwandt noch verschwägert.

auf Engagementsuche. Aber im Gegensatz zu Deutschland ist man in Wien ohne Beziehungen einsam und auf verlorenem Posten. Also übernahm Lori in meinem Theater eine kleine Rolle, die sie ausgezeichnet spielte. Mein Mann, Atheist vom Scheitel bis zur Sohle, fühlte sich im Gegensatz zu mir gestört, weil Lori beim Frühstück jeweils einen religiösen „Spruch zum Tag“ deklamierte. Mir kamen die Sprüche sehr verblasen vor, aber ich toleriere alle Zaubersprüche, wenn ein Mensch ihrer bedarf.
Ich fand es beachtlich, dass Lori ihre Stimme weitertrainieren wollte und mich bat, ihr einen guten Gesangspädagogen zu empfehlen. Ahnungslos, welche Lawine ich mit meinem Ratschlag lostrat, empfahl ich den Kammersänger. Sie ahnen es. Der Hüne verliebte sich in die graziöse Blondine. Ich vermute mit Recht, dass diese gezielt einen Plan oder sogar einen Auftrag verfolgte. Nein, es war keine Ehestörung. Was wäre schon passiert, wenn sich der Sänger, nach jahrzehntelanger Ehe, einmal einen kleinen operettigen Ausflug gegönnt hätte? Es war viel schlimmer. Er verfiel einer Gehirnwäsche. Nur mein Mann vermutete, dass das engelgleiche Geschöpf mit der süßen Stimme einer Sekte angehören könnte. Er, der scharfe Beobachter, hatte die Veränderung in Wesen und Aussehen des Freundes bemerkt. In einem Gespräch von Mann zu Mann gestand der Sänger, dass er bereits 50 Prozent seines Vermögens für sein Seelenheil eingezahlt habe. Nun war „Feuer am Dach“, und wir motivierten alle Kräfte, um unseren Freund zur Besinnung zu bringen. In diesem Moment war Lori verschwunden. Sie wurde in Salt Lake City, der Stadt der Mormonen, gesehen.
Weißgekleidet, mit langem blonden Zopf, und einem kleinen Dackel auf dem Arm.

Die Operndiva kommt auf den Friedhof, um das Grab ihres zweiten (oder war es des dritten?) Gatten zu besuchen. Sie hat die Nummer des Grabes vergessen und fragt in der Friedhofsverwaltung den Beamten:
„Bitte, welche Nummer hat das Grab von Kommerzialrat Roder?"
Der Beamte schüttelt den Kopf:
„Bedaure, ich habe nur eine Eintragung mit Kammersängerin Roder."
„Das ist es", strahlt die Diva, *„bei uns wurde immer alles auf meinen Namen geschrieben!"*

ꕥ

Tenören sagt man nach, sie seien eitel – auch das stimmt nicht immer!
Ein bescheidener, junger Sänger hatte sich in die Tochter eines Fabrikanten verliebt. Die beiden wollten heiraten.
Der Millionär tobte: *„Ein Künstler! Noch dazu ein eitler Tenor – kommt nicht in Frage!"*
Die Tochter heulte, der Tenor versuchte bescheiden und unterwürfig den Vater umzustimmen. Dieser rief mich an und fragte mich, ob ich den Tenor näher kenne. Ich konnte den Vater beruhigen: *„Herr Direktor, lassen Sie die beiden heiraten, ich versichere Ihnen – er ist kein Tenor!"*

ꕥ

Was heißt Klugheit?
Klugheit ohne Humor ist wie eine Suppe ohne Salz!

Ich bewundere Ioan Holender! Nicht nur, weil es ihm gelang, länger als alle Vorgänger das weltberühmte Wiener Opernhaus überaus erfolgreich zu leiten, sondern weil er ein lebendes Abbild der dort stattfindenden Aufführungen ist. Manchmal hinreißend begeisternd, aber auch entgleisend oder irreführend. Sein Erfolg beruht sicherlich nicht nur auf seiner Begabung, ein exzellenter Stimmfachmann zu sein. Er ist ein genialer Januskopf, der in sich einen Politiker, einen Psychiater, einen Gentleman und manchmal zynischen Clown vereint. Er erklärt, er verabscheue den Wiener Opernball, das internationale Fest der Eitelkeiten. Um auf eben diesem Fest, distanziert lächelnd, dutzenden Kameras sein markantes Profil zu bieten. Sei's drum! Er ist der Hausherr. Aber er ist auch ein scharfer Beobachter, denn nur so kann ich mir das herumgeisternde Gerücht erklären:
„Der Holender will das Tragen von Orden auf dem Opernball verbieten …"
Sollte diese Anordnung den Tatsachen entsprechen, dann bekommt in Wien das Nestroy-Couplet „*… die Welt steh auf kan Fall mehr lang – lang – lang …*" Wahrheitsgehalt. Denn vom Bundespräsidenten bis zum Steuerberater stecken, baumeln, hängen beim Opernball dutzendweise Orden (man munkelt sogar von gekauften) an Fräcken und Hemdbrüsten. Und diesen Schmuck – der einzige, der fadenscheinigen Fräcken Glanz verleiht – will dieser Holender verbieten? – sagt man, geifert man, verurteilt man.
Auf Nachfrage aufgebrachter Diplomaten soll Holender geantwortet haben:

„Die Orden zerkratzen beim Tanz die Dekolletés der Damen."
Übrigens, Holender trug einen fabelhaft sitzenden Frack – ohne Orden!
Ich verleihe dem Operndirektor hiermit den **Orden wider den tierischen Ernst!**

Der Wiener Opernball?
Ein glänzendes Beispiel für schlechten Geschmack!

Der international gefeierte Regisseur August Everding lehrte mich, negative Kritiken positiv zu sehen. Als er noch ein junger Regisseur an den Münchner Kammerspielen war, erhielt er einmal in allen Zeitungen furchtbare Verrisse. Ich fragte ihn:
„Gustl, das tut mir leid, was wirst du tun?"
Er lachte: *„Gar nichts! Nur nie einem Kritiker antworten. In kurzer Zeit wird man das Geschreibsel vergessen haben, was bleibt ist: Everding – Everding – Everding!"*
Wie wahr! wie wahr!!!
Curd Jürgens sagte immer: *„Ist doch scheißegal, was die schreiben! Nur der Name muss stimmen. Curd mit* ***C.****"*

Die Überflutung an Freilichtfestspielen im Sommer, falls sie nicht gerade vom Regen überflutet werden, kann positive Seiten haben. So erfährt der Weinbauer aus dem Burgenland, dass „Aida" etwas mit Musik,

und nichts mit italienischem Wein zu tun hat. Als man „Aida“ zum ersten Mal in der Hollywood-Bowl aufführte, blieb das Publikum aus. Erst als der Produzent lebende Elefanten auftreten ließ, setzte der Besucherstrom ein. Für den Radames wurde unter den vielen jungen Sängern, die sich bewarben, mein Freund George Bernstein engagiert. Er erzählte mir, dass er in das Büro des Produzenten bestellt wurde. Dieser sagte zu ihm:
„Junger Mann, Sie werden Ihren Weg machen, aber ändern Sie Ihren Namen, als ‘Bernstein’ können Sie nie Karriere machen!“
Und so wurde aus George Bernstein – **George London.**

ꕥ

Welche Frau erliegt nicht schnell und gern dem Charme eines Opernstars?
Aber genau wie bei sportlichen Koryphäen rät man vor großen Spielen zu erotischer Abstinenz. George London, *der* Don Giovanni der internationalen Opernbühnen, machte sich gern über Kollegen lustig, die der Meinung waren, weniger Sex bringe mehr Stimmvolumen. Gerne erzählte er mit parodistisch-tenoralem Tonfall folgendes:
Ein Tenor hat sich ein hübsches Mädchen in sein Hotelzimmer kommen lassen, und sagt:
„Zieh dich aus, Mädel!“
Die Kleine beginnt sich auszuziehen, als das Telefon läutet.
Der Tenor hebt ab, spricht und legt auf. Dann winkt er resignierend:
„Zieh dich an, Mädel – ich hab’ ein Konzert – in drei Wochen!“

Eine Sängerin ist eine Frau, die aus den seelischen Ohrfeigen, die ihr das Leben verpasst hat, Kapital schlägt, in dem sie darüber singt.

Was ist Oper? Ein Stück, in dem jemand erstochen wird und statt zu sterben, zu singen anfängt.

Es gibt Leute, die gerne immer wieder dieselben Schauspieler, dieselben Sänger auf ihrem Bildschirm sehen wollen. Die blonde, hausbackene Anständige, den Kahlköpfigen mit dem verschlagenen Blick, die Kommissarin mit den scharfen Mundfalten, den Sänger mit der Fistelstimme.

Immer die gleichen Typen, in leicht veränderten Shows, Krimis oder Serien.

Und dann gibt es Leute, die sagen: Nichts nützt sich im Fernsehen schneller ab als immer dieselben Gesichter. Und diese Leute fragen: *„Warum ist das so? Es gibt doch so viele gute Schauspieler und Sänger – lasst doch mal andere ran!“*

Dasselbe fragte ich mich und ging in eines der bekanntesten Besetzungsbüros*.

Die junge Frau war überaus höflich, obwohl sie meinen Namen sicherlich noch nie gehört hatte oder etwas über meine TV- und Filmarbeit wusste.

„Sehen Sie, Frau Küppers, das ist so …“ Sie gab ihrer Stimme den beruhigenden Ton einer Altenheimpflege-

*Castingoffice auf Neudeutsch

rin. „*Es ist so, – wir haben A-, B- und C-Listen. Aus den A-Listen vermitteln wir den Fernsehfirmen jene Künstler, die die höchsten Quoten – Sie verstehen? –,* **Einschaltq***uoten haben, oder jene, die von ihren Plattenfirmen gesponsert werden.*"

Ich nickte verständnisvoll. „*Und das müssen immer dieselben sein?*"

„*So ist es*", antwortete sie bestimmt.

„*Neue Gesichter wären also ein Risiko für die Einschaltquoten?*"

Sie überging meine Frage, sah mich nicht an, sondern blickte angestrengt auf ihren Computer.

„*In der B-Liste sind jene verzeichnet, die immer auf Abruf bereit sind, oder …*", ihre Mundwinkel zogen sich nach unten, „*… jene, die behaupten, durch Zufall frei zu sein, naja … sagen wir … Notlösungen eben …*"

Sie scrollte auf ihrem Computermonitor.

„*Und hier haben wir die C-Liste. Aus dieser bieten wir für typengerechte Rollen, Kastraten, Zwerge, Riesen, Asiaten, Neger, et cetera an*"

Sie blickte mich mitleidig lächelnd an:

„*Tut mir leid, Frau Küppers, Sie stehen nicht einmal in der C-Liste.*"

Manche haben nur deshalb großen Erfolg, weil sie sich vor künstlerischer Verantwortung drücken.

Bei einer Party am Swimmingpool des Münchner Millionärs B. tanzte Vera Kálmán, die Witwe des Operettenkönigs Emmerich Kálmán, einen wilden Csárdás. Dabei löste sich ihr sechsreihiges Perlenkollier und fiel in den Pool. Zwei junge Playboys sprangen im Smoking in das Bassin, um die Perlen zu retten. Der Regisseur August Everding nannte sie fortan „Die Perlenfischer".*

Was ist der Unterschied zwischen Fotomodels und Opernsängerinnen?
Die Sängerinnen sind schöner! Das war nicht immer so. Es ist gar nicht lange her, dass Koloraturkanonen der Ansicht waren, ihre Stimmen müssten „im Fett schwimmen", um geschmeidig und seidig zu klingen. Die fettreiche Kost blieb nicht nur im Hals stecken, sondern schwamm zu allen Körperteilen, um sich an den Stellen, die man als weiblich bezeichnet, festzusetzen. Kostümbildner und Stylistinnen, die es verstanden, die Rundungen mit Wallewalle-Gewändern zu *ver*kleiden, hatten Hochkonjunktur. Heute haben jene den größten Erfolg, die es verstehen, die Sängerinnen zu *ent*kleiden. Die Schönen und Schlanken trällern schwindelerregende Oktaven, in Kostümen, mit denen man sich auf Lotterbetten räkeln kann und die wie zufällig die schlanken Beine freigegeben. Zauberhafte Stimmakrobatik strömt aus makellosen Hälsen. Damals rollte eine Sängerin bis an die Bühnenrampe. Dort breitete sie ihre Arme aus und sang ebenso

*Oper von Georges Bizet

genial, aber die Körpersprache war wenig spektakulär. Sehleute von heute würden diesen reinen Hörgenuss ablehnen.
Ein Kritikerscheusal, das für seine Häme bekannt und gefürchtet war, bezeichnete damals eine weltbekannte Wagnersängerin als „Kredenz auf Radln".
Wie beleidigend.
(Wo sind die Zeiten, als die große Käthe Dorsch den Kritiker Hans Weigel wegen seiner Taktlosigkeiten ohrfeigte?)

Es gab einen Opernintendanten, dem die Stimme einer Frau mehr vermittelte als den Glamour eines singenden Mannequins. Bei jedem Auftritt dieser Sängerin saß er in der Direktionsloge, schloss die Augen und ließ sich von ihrer Stimme in das Reich der sinnlichen Träume entführen. Leider stand ihr atemberaubendes Timbre im Gegensatz zu ihrem Gesicht. In Wien würde man sagen: „Oh mei, is die schiach* …"

Aber der Intendant kannte nur den einen Wunsch, diese Frau, deren Stimme ihn erregte, auch körperlich zu besitzen.
Sein Wunsch erfüllte sich, und es ergab sich eine Liebesnacht. Beide schliefen zusammen ein. Am Morgen erwacht der Direktor, sieht der neben ihm ruhenden Sängerin ins Gesicht, packt sie bei den Schultern, schüttelt sie, und fleht: „Sing! Bitte, bitte sing!"

*hässlich auf Wienerisch

Das Burgenland begeistert im Sommer Musikliebhaber. Oper, Operette, Musical – Hunderttausende aus allen Ländern strömen herbei, auch wenn es in Strömen regnet.
Der urige Burgenländer bleibt unbeeindruckt:*

„Woan i am Obend vom Markt hamfoahr ... acht Viertel in mir ... die Stern über mir ... a fette Sau hinter mir ... und im Radio der Hansi Hinterseer ... des is mei scheenste Stund' ...“

ꕥ

Der obligatorische Abschluss einer Aufführung bei Sommerfestspielen ist ein Besuch beim Heurigen.
Herr Piefke: *„Mannomann, euer Heuriger bohrt einem een Loch in den Magen ...“*
Der Wiener: *„Jojo, und euer Bocksbeutel ziagst wieda z'amm.“*

ꕥ

*O-Ton

DIE HERZENSBILDUNG EINES MENSCHEN, ZEIGT SICH AUCH IN SEINER TIERLIEBE

Wer ein Tier besitzt, ist nie einsam,
und wer die Natur liebt, ist nie unausgefüllt.

Ich weiß, ich weiß, Sie haben dieses Buch gekauft, um über die kleinen Dinge, die das Leben ausmachen, zu schmunzeln. Allerdings habe ich die leise Vermutung, dass sich unter Ihnen auch tiernärrische Personen befinden, die genau wie ich der Meinung sind, dass Tiere eine Seele haben.*

Willkommen im Club!

Eine weite, sandige Ebene, mein Pferd zwischen den Schenkeln, die Hunde laufen nebenher – *„Das Glück der Erde ...“* – Sie verstehen?

Ein Hund findet fast alles schön, was der Mensch macht. Ein Mensch findet fast alles schön, was sein Pferd macht.

Meine Untugend besteht darin, meine Tiere zu *vermenschlichen,* und das hat zur Folge, dass Hunde und Pferde ständig meine Nähe suchen. Für die Hunde bedeutete Reisen kein Problem. In jedem Theater fanden sie in der Künstlergarderobe, unter meinem Schminktisch, ihren Ruheplatz. In jedem hundefreundlichen Hotel ihre Schlafdecke, und vor jedem Flug schlüpften sie in die Reisetasche. Mit einem Pferd wäre das schwierig. Also wurde Ilan** der Obhut eines Bereiters anvertraut.

Vertrauen ist gut, Kontrolle ist besser – aber wie soll man aus der Ferne kontrollieren? Wissend, was sich

---

*Auch Hummer, die man lebendig in kochendes Wasser schmeißt.

** Hebräisch: Baum. Ein beliebter Männername.

alles in Reiterkreisen abspielt, war mein Vertrauen ziemlich gering, und so ging ich jedes Mal mit einem mulmigen Gefühl auf Tournee. Mein Ilan pflegte mich stets mit Scharren und Wiehern zu begrüßen. Nichts davon, wenn ich nach zwei oder drei Wochen zurückkam. Er stand mit dem Kopf zur Boxenwand, und kein Schmeicheln und Tätscheln konnte ihn zum Umdrehen bewegen.

Er gebärdete sich wie ein beleidigter Liebhaber. Teilnahmslos ließ er sich satteln. Mir schien, als hingen seine Lefzen missmutig nach unten. Aber wie es einem Menschen Wohlbehagen verschafft, wenn er ein entspannendes Bad nimmt, so konnte ich mich auch bei meinem Pferd mit einem Schaumbad wieder einschmeicheln. Unterstützt von Möhren und Zuckerrübenschnitzeln, rieb ich ihn behutsam mit einer weichen Bürste ab und duschte ihn mit dem Wasserschlauch. Erst dann waren wir wieder ein Herz und eine Seele. Wenn ich ihn dann duftend und glänzend auf die Koppel führte, vollführte er Kapriolen wie ein Lipizzaner, lief im Galopp im Kreis, und – Gipfel des Wohlbehagens – warf sich auf den Rücken und wälzte sich im Sand, sodass er aussah wie ein paniertes Schnitzel. Und obwohl Schweiß, Zeit und Arbeit vergeblich waren, steht die Reiterin glücklich lächelnd am Zaun, weil es *IHM* wieder gut geht.

Tiere haben nicht nur Gefühle wie Menschen, sie können ebenso schrullig sein.

Mein Pferd war so ein „Schrull“, wie folgendes beweist: ein Ausritt im Frühling im Wiener Prater. Sonnenstrahlen fallen durch das erste Grün der Bäume, Vögel zwitschern, die Büsche tragen die ersten zarten Blüten. Champagner für die Seele, wenn – ja wenn es die Exhibitionisten nicht gäbe. Sie stehen verdeckt hinter den Büschen, um entblößt, schnaufend und an sich werkend hervorzutreten. Ein Albtraum jeder Reiterin, weil alle Pferde, erschreckt durch das Knacken der Zweige und die plötzlich auftauchende Gestalt, durchgehen. Nicht so mein Ilan. Wie man in Wien sagt: Er rührte kein Ohrwaschel, sondern trabte, unbeeindruckt von allen Bemühungen des sexuellen Notstandlers, an ihm vorbei. Aber wehe, ein Eichhörnchen lief ihm über den Weg, dann schlug er Haken wie ein Hase, buckelte und schnaubte hysterisch. Da gab es nur Knieschluss und Aussitzen, sonst hieß es: Das Unglück der Erde ist neben dem Rücken der Pferde.

Heinz Sandauer gehörte zu jenen Komponistenpianisten, die den seltenen Bogen von Klassik bis Jazz perfekt beherrschten. Er besaß einen Papagei, der ihm beim Komponieren auf der Schulter saß. Einmal erschien Prof. Sandauer mit einbandagiertem Kopf zur Vorstellung. Der liebe, zahme Vogel war über irgendeine musikalische Passage in Panik geraten und hatte Heinz die Glatze zerpickt.

Seit ich ein kleines Mädchen war, waren meine Hunde Terrier. Keineswegs gezielt ausgesucht, nein, sie passierten mir, die Glatthaar-, Airdale-, Bedlington-, Yorkshire- und Jack Russel Terrier. Ich kenne mich aus. Terrier sind Individualisten.

Mein erster Terrier war ein Glatthaarterrier mit Namen Muki. Wie viele Terrier, so war auch er ein Kläffer, aber im Zweiten Weltkrieg hatten die Menschen andere Sorgen, als sich über das Bellen eines Hundes aufzuregen. Ich wuchs in einem Frauenhaushalt auf. Mutter, Großmutter und Tante. Diese drei mutigen Frauen entschieden, dass wir uns nicht *verschicken* ließen, wir würden uns in einem Keller verstecken. Was geschieht mit Muki? Jedes Versteck wäre durch sein Bellen entdeckt worden. Muki töten lassen? Aussetzen? Meine Weinkrämpfe und mein schreiender Protest versetzten meine Familie in Ratlosigkeit. Schließlich entschied meine Mutter: *„Muki kommt mit in den Keller. Wahrscheinlich wird er dort mit uns verhungern.“* Aber das hörte ich schon nicht mehr. In unserem Versteck hörten wir Schläge gegen Türen, Rufen, Schüsse und alles bedeutete Furcht vor der Entdeckung und panische Angst. Und Muki? Er war still, mucksmäuschenstill. Kein Bellen, kein Knurren. Er kuschelte sich in meinen Arm, er pinkelte gegen einen Kohlenhaufen, er verhielt sich, als wäre er nicht vorhanden. Als der Spuk vorbei war und wir von amerikanischen Soldaten befreit wurden, kamen wir in das Lager „Rothe Erde“, als *Displaced Persons.* Muki gehörte dazu. Ein schwarzer Soldat konnte meinem flehenden Blick nicht widerstehen und ließ das Kind mit dem Hund passieren. Der Hund fraß, was wir fraßen, trockenes Brot und Grassuppe. Nach ein paar Monaten durften wir in unsere Wohnung zurückkehren. Jemand läutete – und Muki stürmte bellend zur Haustür.

Sandra und Roger mit Nebbich und Ganeff

Meine Tochter besitzt zwei Chihuahuas: Nebbich und Ganev.*

Mein junger Freund, der Musikproduzent Marnix Veenenbos**, besaß einen lieben Hund, einen Mischling aus dem Tierasyl. Er nannte sie *Distel,* nicht weil die Hündin einen stachligen Charakter zeigte, sondern weil sie ein undefinierbar graugrün gesprenkeltes Fell hatte. Es zeigte, dass Generationen von Mischlingen ihre Gene in dem mit einem wunderbaren Charakter ausgezeichneten Tier hinterlassen hatten. Distel folgte auf's Wort und ging ohne Leine neben ihrem Herrn, auch durch dichten Fußgängerverkehr. Eines Tages kamen die beiden an einer Ansammlung von Menschen vorbei, die interessiert oder unwillig einer politischen Proklamation zuhörten. Marnix und Distel stellten sich dazu. Es handelte sich um eine Versammlung von Neonazis. Marnix hörte dem aggressiven Geschrei des Moderators einige Minuten zu und geriet in ein Gefühlsdilemma. Er sagte sich: Mische ich mich ein und schreie zurück, werden mich die Skinheads verprügeln. Gehe ich einfach weg, prügelt mich mein Gewissen, weil mein Schweigen sogar Zustimmung bedeuten könnte. Während er nachdachte, stellte er fest, dass Distel verschwunden war. Er schlängelte sich durch die Zuhörer, bis er nahe vor dem glatzköpfigen Jungnazi stand.
Da sah er Distel. Sie machte einen krummen Rücken und legte dicht zu Füßen des Mannes einen großen

*Jiddisch: Nebbich – einer, der der nicht ganz bei sich ist. Ganeff: Gauner
**Sohn des berühmten Karikaturisten Jean Veenenbos

Haufen. Der Schreihals, ausschließlich mit seinem Gefuchtel vor dem Mikrofon beschäftigt, sah nicht, was zu seinen Füßen passiert war.
Marnix tat so, als war nix. Er nahm Distel beim Halsband und verließ schleunigst die stinkende Stätte.
Der Agitator aber hielt das Lachen und Applaudieren des Publikums für Zustimmung.
Eitel verbeugte er sich, sprang in seinen Springerstiefeln vom Podium – und genau in einen Haufen Scheiße.

ဢ

Meine beiden Jack Russel Terrier Leo und Lieschen begleiteten mich auf allen Reisen. Leo war bühnensüchtig. Obwohl beide Hunde in der Garderobe eingesperrt waren, gelang es Leo immer wieder einmal, auf die Bühne zu kommen. Einmal trabte er bis zur Rampe, setzte sich in Positur und streckte die Zunge heraus. Ein reizendes Tier auf der Bühne stiehlt jedem Schauspieler die Aufmerksamkeit des Publikums.

ဢ

Ein Tiroler Schafhirt zählt seine Schafe:
Hundertvier ... hundertfünf ... hundertsechs – (er streichelt das hundertsiebte Schaf)
Grüß di, Schatzi!“

ဢ

Der Solocellist *Arne Kircher* ist nicht nur ein begnadeter Musiker, er gehört auch zu der seltenen Kategorie der hilfsbereiten und ehrlichen Nachbarn.
Als der Nachbar verreiste, bat er Arne, sein Haus und seinen Garten im Auge zu behalten. Arne besaß einen Jagdhund, und der Nachbar einen schneeweißen, mit Preisen ausgezeichneten Zuchthasen. Eines Tages kommt Arnes Hund, und zum Entsetzen seines Besitzers trägt er im Maul den völlig verdreckten, toten Hasen. Der Musiker (als Cellist zartbesaitet), wollte dem Nachbarn einen Schock ersparen. Er wäscht und Tönt das tote Tier und legt es in den Käfig.
Als der Nachbar zurückkam, hatte dieser tatsächlich einen Schock. Er konnte es nicht fassen: Obwohl sein Hase vor seiner Abreise gestorben war und er ihn sorgfältig am Ende des Gartens begraben hatte, lag der Riesenrammler friedlich und blütenweiß in seinem Käfig.
Arnes Hund hatte das tote Tier gewittert, wieder ausgebuddelt und als Jagdtrophäe zurückgebracht. Es waren einige Schnäpse nötig, bis sich Hasenzüchter und Musiker von ihrem Schock erholt hatten.

Sein Hund, eine Mischung aus
Dobermann und Pitbull, war gut erzogen.
Er biss ihm einen Finger ab, aber er brachte ihn zurück.

Ein Anruf (oder war es ein *Vor*wurf?) meiner Verlegerin beinhaltete den Hinweis, (oder war es ein *Ver*weis?), doch bitte auch etwas ganz Persönliches in dieses Buch einzufügen.
In Zeiten wie diesen, wo hunderttausende Bücher vergeblich auf ihre Leser warten, ist der zarteste Wink der Verlegerin auf das artigste zu befolgen. Im Gegensatz zu anderen Verlegerinnen, die ihr Herz in einer Tiefkühltruhe aufbewahren, ist meine Verlegerin eine Liebende. Also setzte ich mich sofort in eine stille Ecke, um mich an eine besonders nette Erfahrung aus meiner Vergangenheit zu erinnern.
Nun, woran erinnern sich alte Frauen, wenn sie nachdenken? Vor allem an zwei Worte: *Hätte man ... was wäre anders gelaufen? – hätte man ... wie sähe man aus? – hätte man ... welcher Mann wäre geblieben? – hätte man ...*
Und deshalb verfolgt auch mich das *Hätte man* – lebenslang.
Als ich mich in den zweitbesten Jahren meines Lebens, in dem schwerelosen Zustand zwischen zwei Ehen befand, geschah, was in solchen Situationen immer geschieht, die Hormone begannen Samba zu tanzen. Ich sehnte mich nach der Umarmung eines ausbrechenden Vulkans. Da ich keine Anhängerin von One Night Stands* bin und als Reiterin die konzentrierte Disziplin und Ausdauer von Reitern schätze, sah ich in der Reithalle bewundernd einem Dressurreiter zu. Er war schlank, elegant, und nur mit Schenkeldruck, ohne Sporen, führte er seinen Hengst in eine perfekte Pirouette. Nennen wir ihn Herrn Hättemann.

*Neudeutsch: Eine-Nacht-Affären

Die erste Begegnung zwischen Mann und Frau wird von eigenartigen Gefühlen bestimmt. Ich warne alle Suchenden, die an die Liebe auf den ersten Blick glauben. Liebe auf den ersten Blick gibt es nicht. Der erste Blick ist Verlangen. Verlangen, ihren Busen zu streicheln oder seinen knackigen Popo zu drücken. Liebe ist das nicht. Muss es auch nicht sein. Man singt: *Die Liebe, die Liebe ist eine HimmelsTopsymacht** !
Überlassen wir diese Feststellung den Predigern, die uns den Himmel versprechen und sagen, sie wüssten alles über die Liebe. Ich weiß alles über ihre Lügen. (Ich meine die Liebeslügen.)
Aber zurück zu Hättemann. Diese Ausnahmeerscheinung verfügte nicht nur über besondere Reitkünste, er zeichnete sich auch durch Höflichkeit aus. Er küsste meine Hand, zwar länger als formvollendet, aber die Funken sprühten. Sein Hengst schnupperte an mir, ich streichelte ihn, und Hättemann brach in Entzücken aus: *„Was für ein Liebesbeweis, das macht er sonst nie!“* Ich fühlte mich geschmeichelt. Der Stallbursche führte den Hengst in seine Box und Hättemann mich in die Reiterstube, wo schon einige Reiter den Staub der Reithalle aus der Kehle spülten, nach dem Motto: *„Es trinkt der Mensch, es säuft das Pferd, beim Reiter ist es umgekehrt.“*
Als Hättemann im schicken Blazer mit Kavaliertuch, und nach einem teuren Aftershave duftend, zurückkam, spürte ich – wow, das könnte was werden!
Er folgte meinem Wunsch, und wir aßen in einem rustikalen Restaurant. Das Gespräch drehte sich um seinen Hengst. Bezeichnenderweise hieß das Pferd *Anatol*.

* Lied aus der Operette „Der Vogelhändler“

Um das Gespräch in andere Bahnen zu lenken, bemerkte ich ironisch, dass es Männer gebe, die ihr Auto mehr lieben als ihre Ehefrauen. Sie pflegen und putzen es mit einer Inbrunst, die sie für ihre Frauen niemals übrig hätten.
„Oh ja, wie recht du hast", Hättemann drückte begeistert meinen Arm. *„Anatol lässt sich nur von ein und demselben Stallburschen striegeln. Er ist ein Snob."*
Wir waren also wieder beim Thema Pferd. Ich liebe Pferde. Ich liebe Geschichten über Pferde, aber wenn man mir dabei tief in die Augen sieht und meine Hände streichelt, stehen die Ansichten im krassen Gegensatz zu den Absichten. Die Eigenschaften des Anatol begannen mich zu langweilen. Zu diesem Superhengst fiel mir nichts ein. Ich wurde immer stiller. Während wir ein Glas Chardonnay nach dem anderen leerten, nicht ohne uns dazwischen hingehauchte Küsse zu geben, sprach Hättemann weiter über Anatol. Gerade war er bei seinen internationalen Dressurpreisen angekommen, als meine Gedanken zu Wassily Kandinsky wanderten. Mit der Malerin Gabriele Münter ritt er (oh nein! pardon!), radelte er von Motiv zu Motiv, wo sie sich liebten. Nicht etwa weil er sie so anziehend fand. Sie war seine einzige Schülerin die Rad fahren konnte. War ich vielleicht die einzige Reiterin, die Hättemann interessierte, weil Anatol mich akzeptierte? Eine alte Reiterweisheit sagt: „Je lockerer der Zügel, umso williger das Pferd" – vielleicht kein unrichtiger Hinweis für den Umgang mit Männern?
Ich lud Hättemann in meine Wohnung ein, wo ich eine Flasche Champagner öffnete. Beim zweiten Glas kannte ich den gesamten Stammbaum des Hengstes und unterdrückte mein Gähnen. Beim dritten, oder war es

das fünfte Glas? umarmte mich Hättemann und mein Kopf sank auf seine Schulter. Müdigkeit in Verbindung mit Promille tötet jede Bereitschaft, etwas zu wagen. In meinem dösenden Zustand hörte ich immer „Anatol" und dachte an die wunderbaren Schnitzler-Aufführungen im Theater der Josefstadt und die eleganten Darsteller des Anatol. Alles interessante Typen, und alle „jeder Zoll kein Reiter".

Als ich später aufwachte, lag auf dem Tisch die geprägte Visitenkarte von Hättemann: *„Du Schöne, ich danke dir für den wunderbaren Abend! Ich wollte dich nicht wecken, aber ich reite morgen früh um 7 Uhr aus – mit Anatol."*

Hätte man nie „Ja" gesagt!
Hätte man nie die Dummheit gewagt!
Hätte man nie den Anwalt gefragt!
Hätte man nie der Freundin vertraut!
Hätte man nie die Stimmung versaut!
Hätte man nie auf Sand gebaut!
Hätte man keinen Ratschlag gegeben –
wäre Hättemann nicht am Leben!

Gestalten Sie Ihr Leben **sinnvoll**,
schreiben die Lebensberaterinnen in ihren Rubriken.
Überlesen Sie es!
Tun Sie etwas **Sinnloses!** Das macht Spaß!!!

IRREN IST MANNLICH

Männer, die sich bedeutungsvoll geben,
sind am banalsten!

ꕤ

Wenn einem die sprachliche Kröte flink aus dem Mund springt, weiß man nie, wo man hineintappst, oder was dabei herauskommt.
Trotzdem sage ich es rundheraus! Die meisten Schauspieler saufen! Ja, gut – die meisten Schriftsteller saufen ebenfalls, und *auch* Ärzte.
Als ich in München meine Tochter nachts zur Welt brachte, musste man den Gynäkologen aus einer Bar abholen. Als er sich im Kreißsaal über mich beugte, brauchte ich kein Lachgas. Seine Fahne betäubte mich fast. Dank einer wunderbaren Hebamme verlief alles reibungslos. Der Primarius lallte nur noch: *„Sie haben ein – ein* (er sah auf das Geschlecht) *sehr schönes Mädchen, gnä – gnädige FFFrau …"*
Jahre später lernte ich zufällig die Ehefrau des Gynäkologen kennen und erzählte ihr die Geschichte.
Sie nickte: *„Ich weiß, dass mein Mann säuft. So bin ich sicher, dass er mich nicht betrügt."*

ꕤ

ORF Interview – Passantenbefragung:
„Gestatten Sie eine Frage? Was glauben Sie, warum ist der Platz vor dem Wiener Rathaus so sauber?"

Der Wiener:
*„Des is, weil der Herr Bürgermeista dreimol am Tog mit an Fetzen drüber geht.“ **

ഌ൛

Eine Attraktion ist und bleibt der Wiener Naschmarkt. Leider besteht er nicht mehr in seiner ursprünglichen bäuerlichen Art. Und leider werden auch die reschen** Standlerinnen mit ihrem goscherten Mundwerk immer weniger. Manchmal trifft man sie in der Sauna, wo sie im Winter ihre vom stundenlangen Bedienen am Gemüsestand steif gefrorenen Gelenke aufwärmen. Meine Tochter und ich saßen auf der obersten Saunabank. Unter uns zwei übergewichtige Standlerinnen. Als wir nach dem Aufguss, uns höflich entschuldigend, über die beiden hinweg stiegen, hörten wir beim Hinausgehen:
„Des is doch die Küppers mit ihrer Tochter?“
„Psst, nix sog'n, die san sicher in flagranti hier.“

ഌ൛

Freundinnen empfehlen einander nicht nur Kosmetika, Ärzte oder Abführmittel, sondern auch Scheidungsanwälte. Als sich meine Freundin scheiden ließ, entschied sie sich für den elegantesten und bekanntesten Anwalt der Stadt.
„Mein Mann betrügt mich! Ich weiß es! Das sagt mir der gesunde Menschenverstand!“
Dr. K. lächelte sie verbindlich an.
„Es tut mir leid, gnädige Frau, aber **diese** *Instanz existiert bei Gericht nicht.“*
Trotzdem verließ sie als Siegerin das Gericht.

ഌ൛

*Doppelsinn: Reinigungstuch/Fetzen – Wienerisch auch für Rausch; **knackig

Der gesunde Menschenverstand hätte mir sagen müssen: Mach einen weiten Bogen um eloquente juristische Selbstdarsteller, die in ihrer Kanzlei die Rat- und Tatsuchenden mit Chopinmusik einlullen. Aber wenn das Herz verletzt ist, funktioniert der Verstand wie ein Sieb. Verzweifelt schilderte ich dem Anwalt meine Ehe-Situation. Erwartete Anteilnahme, Verständnis, vielleicht sogar ein ermunterndes Durchhaltewort, indem ich fragte:
„Herr Doktor, was sagen Sie dazu?“
Dr. K., mit Pokerface, antwortete:
„Ich sage erst etwas, wenn ich einen Vorschuss bekommen habe. Und übrigens … wenn ich den Prozess führen sollte … können Sie ihn bezahlen?“
Er beherrschte die Kunst, Themen, die Sturzbäche von Tränen bewirkten, zu bagatellisieren. Ich begann ihn zu verachten, wie ich alle Männer verachte, die nicht in der Lage sind, das Gefühlsleben einer Frau auch nur annähernd wahrzunehmen.
Aber mein Anwalt hatte eine bildschöne junge Frau. Er trennte sich von ihr. Als man erstaunt fragte, warum? schilderte er im Freundeskreis, ohne jede Emotion, die Situation:
„Meine Frau kam in die Kanzlei, um sich zu verabschieden. Sie gehe zum Zahnarzt und mit einer Freundin Kaffee trinken. Ich sah ihr aufmerksam nach, als sie zur Tür ging. Sie sah wie immer fabelhaft aus. Als sie am Abend zurück kam, fragte ich, wieso sie so spät komme. Sie erzählte irgendeine Geschichte, der ich kaum folgte. Ich sagte nur: Ich lasse mich scheiden! Ihr entgeistertes Gesicht versteinerte, als ich mein kleines Referat hielt. Meine Liebe, als du mich heute morgen verlassen hast, bemerkte ich an deinem rechten Bein eine Laufmasche. Ich gehe wohl richtig in der Annahme, dass du weder

beim Zahnarzt noch im Caféhaus die Strümpfe gewechselt hast. Fazit, du hast dich ausgezogen. Es interessiert mich nicht, wo und für wen. Leider machtest du mit deinen schwarzen, halterlosen Strümpfen einen gravierenden Fehler, denn jetzt befindet sich die Laufmasche an deinem linken Bein. Wir trennen uns!
Und damit ist die Verhandl… (er lachte) *… pardon! ich meinte natürlich, damit war unsere Beziehung beendet.“*

Bleibe verheiratet, und wehre dich täglich!

Eine Umfrage ergab, dass 45 Prozent aller
Angestellten eine außereheliche Affäre
während der Mittagspause haben.
Wie kann man nur wegen fragwürdigem,
kurzem Sex auf ein wohltuendes Essen verzichten?

Er kam daher mit schlaffen Schritten:
„Darf ich um einen Beischlaf bitten …“

Großmütter von früher pflegten zu sagen: *„Doppelt genäht hält besser!“*
Großmütter von heute haben dazu keine Zeit. Wer ist überhaupt daran interessiert, dass etwas „hält“? – Bett-Tücher – Knopflöcher – Ehen – alles auf baldigen Verschleiß

programmiert. Wir leben in einer Wegwerfgesellschaft. Großmütter von früher wussten: Verheiratet sein heißt auch leiden. Heutige Großmütter lassen sich scheiden. Mein Anwalt fragte eine scheidungswillige Seniorin nach dem Grund für die Trennung nach einer langen Ehe.
„Behandelt Sie Ihr Mann schlecht?“
„Nein, das darf ich nicht behaupten.“
„Gibt er Ihnen zu wenig Geld?“
„Geld spielt keine Rolle.“
„Hat er eine außereheliche Affäre?“
„Nicht dass ich wüsste ...“
„Ja, was wollen Sie dann?“
„Sooo gern einen andern!“

ꕥ

Ich habe nichts als meine wilden Träume!
Die Straßenampeln werden davon rot.
Ich gehe, habe gar nichts zu versäumen,
mich interessiert kein Sonderangebot.
Ich denke, ohne diesen Mann kein Leben –
wo er nicht ist, bleib' ich ein Vagabund.
„Prinzip der Hoffnung“ kann mir Bloch nicht geben.
Chronische Sehnsucht lautet der Befund.

ꕥ

Das Beste, um eine Ehe intakt zu halten:
Getrennte Schlafzimmer – getrennter Urlaub –
getrennte Bankkonten!

ꕥ

MALEREI IST DER AUFSCHREI DER SPRACHLOSEN!

Ich möchte über zwei Frauen berichten. Keine von beiden ist eine vor Charme explodierende Aktrice oder geistsprühende Intellektuelle. Zwei Frauen, die ihr Leben lang immer nur um die Sache, und nie um die Wirkung ihrer Person bemüht waren.
Die Malerin *Professor Edith Kramer* und die Schauspielerin *Elisabeth Neumann-Viertel.*
Edith Kramer, die Nichte des Dichters *Theodor Kramer* und der Schauspielerin Liesl Neumann-Viertel ist anders als die anderen. Eine schwere Kindheit, der Selbstmord ihrer Mutter, die Emigration ließen sie zur fast unnahbaren Einzelgängerin in ihrem Privatleben werden. Beruflich schaffte Edith Kramer etwas Besonderes. In New York war sie die erste Malerin, die eine Malklasse für schwierige und gestörte Kinder gründete. Indem sie die Sinne ihrer kleinen Schützlinge durch Malen und Zeichnen in eine heile Welt führte, heilte sie die psychisch problematischen Kinder und stellte somit, in der verrücktesten Stadt der Welt, die üblichen psychiatrischen Methoden in Frage. Der Erfolg war enorm und sie erhielt höchste Anerkennung.
Liesl Neumann-Viertel hatte, nach dem Tod ihrer Schwester, die Stelle der Mutter übernommen. Sie war es, die ihr *Mumerl*, wie sie Edith zärtlich nannte, durch alle Höhen und Tiefen des Lebens in der Fremde begleitete.
Liesl spielte noch im Alter von 92 Jahren in meinem Theater. Folgend dem letzten Auftrag, den ihr Ehemann, der Autor und Regisseur *Berthold Viertel*, Liesl

kurz vor seinem Tod gab. Er sagte zu ihr: *Du musst spielen!*
Und sie spielte – hinreißend berührend, und bejubelt.
Und das *Mumerl* ? Sie saß bei der Premiere, zu der sie extra aus New York angereist war, im Zuschauerraum und malte. Sie malte ihre Tante, sie malte uns auf der Bühne. Bei stillen Szenen hörte man ihre Stifte über das Papier schrammen, aber sie blieb unbeeindruckt von den pikierten Blicken der Umsitzenden.
Unvergessen sind mir unsere Garderobengespräche, während wir uns schminkten.
Über die schweren Jahre in der Emigration, bis Liesl als Schauspielerin in englischer Sprache Fuß fassen konnte. Über ihre Freundschaft mit *Greta Garbo*, und immer wieder über ihren ersten Mann, den Freud-Schüler *Siegfried Bernfeld.**
Über *Bruno Kreisky*, den wir beide auch privat kannten und verehrten. Und natürlich über das *Mumerl.*
Was macht diese Malerin so individuell? Nicht, dass ihre Bilder in die Abteilung zeitgenössische Scheußlichkeiten fallen und deshalb Aufsehen erregen. Nicht, dass sie in wallende Gewänder gehüllt, oder mit perlenbestickten Hauben ihre Vernissagen eröffnet, nein – sie ist so unscheinbar, dass man sie bei einer Vernissage ihrer Bilder übersieht. Das ist ihre Absicht, denn dann kann sie ungestört beobachten und das Beobachtete auf ihre Leinwand übertragen. Den Stil ihrer Bilder sollen Befugte analysieren. Ich finde, es sind *Wohlfühlbilder,* mit denen man leben möchte.

---
*Mitbegründer der Kinderfreunde

Edith Kramers persönliche Einfachheit, ihre Unauffälligkeit und das völlige Ignorieren von Äußerlichkeiten führt manchmal zu Irritationen.

Mein Mann erwartete Edith Kramer am Flughafen. Die Maschine aus New York war längst gelandet, und alle Passagiere strebten dem Ausgang zu. Vom *Mumerl* keine Spur. Nervös ging mein Mann hin und her, bis er die kleine Person entdeckte. Sie stand ruhig wartend in einer Ecke. Nicht, dass er sie nicht gesehen hätte. Er hatte sie einfach *über*sehen. Jeder hätte sie übersehen, denn die berühmte Malerin reiste in einem grauen Overall, ähnlich dem unserer Müllmänner. Quer über ihre Schulter lief ein breiter Lederriemen, an dem eine überdimensionale alte Aktentasche baumelte. Eine Wollhaube komplettierte ihre Reisegarderobe. Mein Mann entschuldigte sich:
„Edith, es tut mir leid, ich habe Sie nicht erkannt.“
Sie schaute ihn spitzbübisch an, und sagte:
„So sehe ich immer aus. Wenn ich nachts in New York meine Studien mache, geht jeder Bandit an mir vorbei. Niemand tut mir was. Es kommt allerdings vor, dass man mir einen Nickel zusteckt“, lachte sie.
In der schweren Aktentasche befanden sich Zeichenblöcke und Stifte.
Jedes Jahr fliegt sie nach Wien, denn Edith Kramer liebt die Natur, und vor allem den Grundlsee. Ihre Tante bekam zur Hochzeit mit Siegfried Bernfeld von ihren Eltern das zauberhafte Haus am See geschenkt. Das Grundstück wurde im Zweiten Weltkrieg von der Familie des Schreiners im Ort vorbildlich betreut und Liesl Neuman-Viertel nach ihrer Rückkehr ordnungsgemäß übergeben. In diesem Haus hat Edith Kramer

ihr Studio. Aber das genügt ihr nicht. In Begleitung eines Helfers und mit allem, was sie zum Malen braucht, ersteigt sie eine hochgelegene Alm, wo eine Hütte ohne Strom, Telefon, Radio und Fernseher steht. Dort bleibt sie wochenlang, bei jedem Wetter, bis man sie wieder abholt.

„Das Wichtigste neben meinen Farben ist ein dicker Stock", sagte sie zu mir. *„Wenn die Kühe an meinen Malutensilien schnuppern, zieh' ich ihnen eine über, dann hoppeln sie davon!"*

Die Schaffenskraft der alten Malerin ist ungebrochen. Ich durfte einige Sommer in dem Haus am Grundlsee verbringen. Im Schlafzimmer war ich umgeben von den Regiebüchern Berthold Viertels. Im ersten Stockwerk befindet sich das Atelier von Edith Kramer. Diese Atmosphäre erweckte Kraftfelder. Die Sinne werden für das Wesentliche im Leben und Erleben geschärft.

Als *Liesl Neumann-Viertel* beerdigt wurde*, sprach ich das Totengebet. Beschämenderweise waren nur wenige Freunde erschienen. Der Schauspieler *Alexander Kerst*, den sie liebevoll *Teddy* nannte, war aus München angereist. Das Mumerl kam aus New York. Sie sprach nicht, sie weinte nicht. Still und unscheinbar, die schwere Aktentasche wie immer geschultert, stand sie zwischen den Trauernden. Später sagte jemand: *„Was für eine unnahbare Person, dabei hat ihre Tante ihr doch das Leben gerettet."*

Was sollte ich dazu sagen? Ich habe gelernt, dass durch Widerspruch oftmals mehr Böses als Gutes geschieht.

℘○ℭ

* Sie starb mit 95 Jahren in Wien.

Der ehemalige japanische Botschafter in Wien, *Ryoji Onodera,* ist bei einer Bergwanderung tödlich abgestürzt.
Er sprach perfekt Deutsch, und ich erinnere mich gern an das letzte Gespräch mit diesem feinsinnigen Diplomaten, der besonders der Malerei verbunden war.
Er sagte mir, das Land Nippon habe eine unglaubliche Veränderung erlebt, aber immer noch sei die Achtung vor dem Mitmenschen sehr ausgeprägt.
In Japan verbeuge sich jeder vor dem Höheren und alle vor dem Kaiser.

Der Vorgesetzte heiße zum Beispiel: *Senpai.* Das Wort bestehe aus zwei Zeichen. *Sen* – bedeutet „der Mann vor mir". Das zweite Zeichen *Pai* – heißt „der Gefährte".

先 SEN
輩 PAI

Der Untergebene heiße: *Koohai* – *Koo* – bedeutet „der Mann hinter mir". Das zweite Zeichen *Hai = Pai* – heißt „Der Gefährte".

後 KŌ
輩 HAI

Mich berührt der Gedanke, der signalisiert: Du hast einen Gefährten hinter dir, auf den du dich verlassen kannst.
Der Botschafter sagte auch noch: *„Der Japaner denke über das Gefühl. Der Europäer denke analytisch."*
Und in mein Buch schrieb er als Widmung:
„Laut singt die Nachtigall, als sähe sie die Stäbe ihres Käfigs nicht ..."

Jede singt auf ihre Weise,
eine laut, die andre leise.
Eine weint im gold'nen Käfig,
eine flüchtet und verrät sich.
Jede muss auf ihre Weise,
eine laut die andre leise –
traurig oder glücklich sein.

Warum gibt es so viele Frauen,
die reden, wenn sie schweigen sollten?
Und andere, die schweigen, wenn sie reden sollten?

BEI EINER PARTY SIND KLUGE GESPRÄCHE HINDERLICH!

In Moskau gab der Moskauer Bürgermeister *Juri Luschkow* zusammen mit dem Wiener Bürgermeister *Michael Häupl* einen Empfang. Zahlreiche Gäste aus Politik, Wirtschaft und Kultur waren eingeladen.*
Reporter aller Länder vereinigten sich.
Robert Reumann, Starjournalist und gewiefter Interviewer des ORF, war anwesend, und wo immer der smarte Allrounder erscheint, sammeln sich alle Profilierungssüchtigen um seine Kamera, damit sie von ihm um eine „Wortspende" gebeten werden.
Robert Reumann berichtete live für das Fernsehen und sagte:
*„Wir berichten live aus Moskau, und begrüßen nun auf das herzlichste den Bürgermeister von Moskau – **Nikita Chruschtschow!**"* *

Ich bin der Meinung – die meisten Frauen überschätzen die Wirkung modischer Attribute auf Männer. Eine schicke Frau ist ein Blickfang, aber nicht mehr.
„Sieht sie nicht fabelhaft aus?", so machte ich einen Herrn bei einer Party auf ein durchgestyltes Wesen aufmerksam.
„Warte, bis sie den Mund aufmacht", war seine trockene Entgegnung.

* Ich gastierte damals in Moskau und Petersburg und war Gast des Abends.

Früher verheimlichten die Damen der Gesellschaft die Schneidermeisterinnen ihrer eleganten Garderoben. Heute verheimlichen sie die Schneidermeister ihrer Gesichter.
Ich stand am Fenster eines Zuges und sah eine elegante Fünfzigjährige, die in ihrem ärmellosen Sommerkleid und mit dem glatten Gesicht einer Zwanzigjährigen ihrem Freund nachwinkte.
Als sie den erhobenen Arm stillhielt, winkte die Haut weiter.

Zwei Falten über der Nasenwurzel – vom Nachdenken.
Plissee auf der Oberlippe – vom Verzicht.
Lachfalten an den Augen – vom Belustigen.
Ich liebe mein Gesicht, vom Leben gezeichnet!

Wenn der Mann bezahlt, heißt es verwöhnen.
Wenn die Frau bezahlt, kauft sie sich Liebe.

Jedes Wort hinterlässt eine Spur. Selbst wenn das Wort vor langer Zeit in unser Bewusstsein fiel, plötzlich kann es uns wieder bewusst werden. Ein junger Moderator nannte in einer Musiksendung die Popdiva Britney Spears eine *Femme fatal*.
Es überraschte mich, dass sich die coole Erfolgsgeneration altmodischer Ausdrücke bediente. Wusste er, wovon er sprach? *Femme fatal*, das signalisiert Boudoir, Spitzendessous, schwarze Strümpfe, die von roten Strumpfbändern gehalten werden, aber keineswegs Lederoutfit

mit herausfallenden Brustwarzen. Je älter man wird, umso genauer erinnert man sich an Vergangenes. Bei der Ansage des Moderators erinnerte ich mich an einen Abend in der Kronenhalle in Zürich. Wir saßen unter dem unsagbar schönen, echten, blauen Chagall-Bild.
Paul Burkhard, der Komponist von „Feuerwerk", *Friedrich Dürrenmatt* und die Witwe von Ralph Benatzky, die von allen *„Kirschi"* genannt wurde. Manche behaupteten, sie sei ein Revuegirl und eine Femme fatal gewesen. Jetzt war sie das exemplarische Beispiel einer distinguierten blonden Dame, im sündteuren schwarzen Breitschwanzkostüm, mit edlem Schmuck.
„Kirschi, erzähle etwas aus deiner Berliner Revuezeit", bat ich sie. *„Wie war Benatzky?*
Sie lächelte. *„Ach, Benatzky war ein Genie, allerdings ein sehr eitles Genie. Deshalb machten sich die Schauspieler über ihn lustig. Obwohl er für sie die schönsten Lieder schrieb, behaupteten sie, er sei aufgestanden und habe sich verbeugt, dabei habe nur der Regen gegen die Scheiben geklatscht.*
Nun, wie so viele Genies duldete auch er keine Götter neben sich. Bevor wir zu einer Gesellschaft gingen, sagte er immer zu mir:‚Du sitzt da, schweigst – und siehst schön aus!'"
Und das tat sie immer noch, die „Femme fatal".
Burkhard erzählte, dass sein Singspiel „Feuerwerk" sieben Jahre lang in seiner Schublade lag und von keinem Theater angenommen wurde. Erst als der Titel:
„Der schwarze Hecht!" in *„Feuerwerk"* geändert wurde, stellte sich der Welterfolg ein. Jetzt würde *„Oh, mein Papa!"* bereits als Spieluhr auf Klorollen angeboten.
Dürrenmatt schilderte in seinem bedächtigen Bernerdeutsch seine Reaktion, als man ihm mitteilte, dass die

erste Million Schweizer Franken auf seinem Konto eingelangt sei. Ganz uneitel erzählte er, dass er noch vor ein paar Jahren *„für ein paar Fränkli"* Kabarett-texte verfasst hätte, und nun habe er eine ganze Million mit dem *„Besuch der alten Dame"* verdient.*
Da es über seine Vorstellungskraft ging, wie eine Million Franken aussieht, habe er die Leute in der Bank gebeten, ihm das Geld zu zeigen.
Zwei Schweizer Bankbeamte folgten seinem Wunsch. Eine eiserne Truhe wurde herein getragen, und vor ihm aufgestellt. Dürrenmatt sagte: *„Öffnen Sie sie!"*
Fasziniert starrte er auf die Geldscheine und sagte nach einer Weile: *„Schließen Sie sie."* Dann wurde die Truhe wieder weggetragen.

Sylvia Eisenburger und ihr Mann *Johannes Kunz* gaben eine ihrer gefragten Dinnerparties. Ich saß neben einer alten Dame. Es war *Anita Gütermann-Karajan.*
Herbert von Karajans zweite Ehefrau. Eine Weile beobachteten wir beide die illustren Gäste, wie sie einander in Freundlichkeiten und verlogenen Komplimenten überboten. Alle hatten den gleichen Ausdruck in den Augen, der besagte: Könnte dieser oder jener für mich nützlich sein?
Anita lächelte mir zu: *„Sehen Sie, Kindchen, alle diese Leute kommen hierher, um sich anzustrengen. Ich komme hierher, um mich auszuruhen."*

* Er sagte wörtlich: „S'isch unbändig g'si ..."

Rat an junge Schauspielerinnen: „*Nicht die Theaterdirektoren sind gefährlich, sondern ihre Ehefrauen!*"
Rat an junge Schauspieler: „*Schmeichelt den Ehefrauen der Theaterdirektoren!*"

ဢ

Die „Creme de la Creme" unserer Gesellschaft wird bei TV-Interviews zu „Krampf de la Krampf".

ဢ

„*Das*", sagt der Hausherr und weist auf ein Porträt, übermalt von Arnulf Rainer, „*ist meine verstorbene Frau!*"
„*Oh*", sagt der Gast mitfühlend, „*bei einem Autounfall um's Leben gekommen?*"

ဢ

Dr. Hans Bankl ist nicht nur ein berühmter Pathologe, sondern auch ein witziger und charmanter Typ. Als er in meinem Theater sein Buch vorstellte*, begann er mit den Worten:

Der Chirurg kann alles, aber er weiß nichts.
Der Internist weiß alles, aber er kann nichts.
der Pathologe kann alles und weiß alles,
... aber zu spät!

und er endete mit einem Erlebnis, das ich aus der Erinnerung wiedergebe.

* Der Pathologe weiß alles – aber zu spät

Bei Dr. Bankl läutete mitten in der Nacht das Telefon. Es meldete sich eine Männerstimme:
„Herr Doktor, kumm'n S' g'schwind in den Prater, do liegt aner!"*
Der Pathologe, keineswegs erfreut über die nächtliche Störung, zieht sich an und fährt in den Prater. Am Eingang erwarten ihn bereits zwei eindeutig zwielichtige Männer und führen ihn durch die dunkle Nacht zu einem abgelegen Platz. Dort liegt ein Mann bewegungslos, mit dem Gesicht im Gras. Dr. Bankl bückt sich zu ihm und fährt entsetzt zurück.
„Seid's ihr wahnsinnig! Das ist doch eine Schnapsleiche! Und deshalb holt ihr mich nachts aus dem Bett?!"
Die Männer sehen einander an, dann sagt einer:
„Herr Doktor, drehn wir ihn um."
„Warum? Wieso?"
„Weil – des Messer steckt vorne drin ..."

„Money is funny", sagt die so genannte High Society, und veranstaltet Charities für die Hungernden!
Die Reichen stürmen das Buffet und genießen wohlig ihre Wohltaten.

Ein Schwarzafrikaner serviert Petits fours. Frau S. greift nach einem Schokoladenteilchen.
Der Kellner: „Pardon, Madame – das ist mein Daumen ..."

* Vergnügungspark in Wien

Man behauptet immer: *Die Liebe geht durch den Magen!* Ich wünsche mir, sie ginge durch das Gewissen.

ꙮ

Belauscht bei einem Zehn-Gang-Menu:
„Gnädigste, ich möchte mit Ihnen ins Bett gehen.“
„Was erlauben Sie sich?“
„Ich denke, eine Morgengabe von 10.000 Euro würde Sie beschwichtigen?“
„Unverschämtheit!“
„Ich erhöhe mein Angebot – 20.000?“
„Sie sind verrückt! Ich bin keine …“
„Wie wär's mit – 50.000?“
„50.000 sagen Sie? 50.000? Oh, das ist verlockend, aber ich bin keine …“
„Was Sie sind, haben wir bereits festgestellt. Jetzt stellt sich nur noch die Frage: Ein Scheck oder in bar?“

ꙮ

Als junge Schauspielerin, an der Münchner Staatsoperette, ließ ich mir von Meisterschneider *Heinz Briesenick* einen Smoking anfertigen. Bei der ersten Anprobe nahm Heinz ein Stück Kreide und zeichnete rechts und links auf meinem Busen einen flotten Strich. Er sagte:
„Vielleicht hier eine Tasche und hier eine Tasche?“
„Nein, Heinz, bitte keine Tasche.“
„Gut, dann keine Tasche – keine Tasche!“
Und mit diesen Worten wischte er mit der flachen Hand liebevoll rechts und links die Kreide auf meinem Busen ab.

ꙮ

Wie erreicht man, dass andere einen auf einer Party wichtig nehmen?
Man schweigt bedeutungsvoll, damit die Leute von selbst verstehen, wie wichtig man ist.

Eine ideale Party ist jene, wo nur Leute sind, die alle die Anwesenden hassen, die man selbst nicht leiden kann.

Der Gastgeber steht am Eingang seines Palais und begrüßt die Gäste.
Ein Partymädchen, mit einem Ruf wie Donnerhall, drängt sich vor:
„Entschuldigung, man erwartet mich!"
Zwei Damen der Gesellschaft zum Gastgeber:
„Das ist doch unerhört! Sie begrüßen diese … vor uns?"
Der Gastgeber mit charmantem Lächeln:
„Meine Damen, ***ich*** *habe nur auf* ***Sie*** *gewartet, aber auf Frau Mausi warten* ***alle*** *Herren!"*

Einmal im Jahr gibt Madame Friedl Tisseau, ein Highlight der Wiener Gesellschaft, ein hinreißendes Fest. Der Höhepunkt ist die Tanzeinlage der 90-jährigen Gastgeberin. Ihr Partner ist ein südamerikanischer Tangotänzer. Danach ruft Friedl nicht: *Alles Walzer!*, sondern „*Alles Tango!*" und tanzt unermüdlich weiter.

Wir sind schon alle ziemlich erschöpft und ich sage zu Friedl:
„Möchtest du nicht ein wenig ausruhen?"
„Aber nein, ich bin nicht müde!", antwortet die Tanzwütige.
Ich erlaube mir zu sagen:
„Dann bitte lass die Musiker und uns ein wenig verschnaufen …"

ꕥ

Auf einer Party in London sprach man zuerst über Pferde, dann über Hunde und die Queen, zum Schluss über Bücher. Bemerkenswert …

ꕥ

Bei einem Empfang des israelischen Botschafters Peter Aran diskutierte der Psychiater Leupold-Löwenthal mit ungebührlicher Lautstärke. Der Maler Arik Brauer fragte ruhig:
„Warum schreien Sie so? Dürfen Sie zuhause den Mund nicht aufmachen?"

ꕥ

Wer behauptet, in einer Ehe bleibe die Leidenschaft unverändert, belügt andere oder sich selber.

ꕥ

Wir sind *overnewsed but underinformed*. Diese Leere! Unentwegt erfahren wir Fakten /Daten/Informationen, stimmige oder unstimmige, aber wo sind die Antworten, auf die wir warten? Wo gibt es Gespräche, nach denen wir

um einige Gedanken bereichert sind? Wirklich gute Gespräche müssen das Herz berühren, sonst waren sie keine. Ich schließe meine beiläufigen Erinnerungen über die so genannte bessere Gesellschaft mit den treffenden Ausführungen des Dichters Sébastien Chamfort.
Er schrieb 1793:
Die Gesellschaft, das, was man die Welt nennt, ist nur der Kampf tausend kleiner entgegengesetzter Interessen, ein ewiges Ringen sich kreuzender, einander störender, abwecheselnd verletzter und gedemütigter Eitelkeiten, [...]. Einsam leben, nicht zerrieben werden in diesen jammervollen Zusammenstößen, in denen man einen Augenblick die Blicke der Welt auf sich zieht, um im nächsten unterzugehen, das nennt man nichts sein, keine Existenz haben. Arme Menschheit!
Nicolas-Sébastien Roch Chamfort (1, 386), Maximen und Gedanken
Chamfort endete durch Selbstmord.

Wahrscheinlich geht es der geneigten Leserin genauso wie mir: Die besten Antworten fallen einem zu spät ein. Ich bewundere die echte, spontane Schlagfertigkeit. Nicht jene der Kabarettisten, die eine Ansammlung von verschiedenen Pointen mit sich herumtragen, um sie bei Gelegenheit anzubringen.
Mir ist eine Schlagfertigkeit wie eine Schlagzeile in Erinnerung geblieben. Die Filmschauspielerin Margot Hielscher* verband damals eine heiße Affäre mit dem Schriftsteller und Weltenbummler *Gregor von Rezzori.* Dieser, ein Sir vom Scheitel bis zur Sohle, charmant und

* unvergesslich in „Frauen sind keine Engel“

witzig, erzählte zur fortgeschrittenen Stunde in unserem Freundeskreis Witze. Ganz lässig sprach er dabei auch das Wort *Scheiße* aus. Wir lachten, und der Bann war gebrochen. Das Unwort hüpfte ungebremst von Gast zu Gast, und wir diskutierten, warum das Wort Scheiße meistens nur als Sch... gedruckt wird. Und warum andere Unworte, wie onanieren, kopulieren oder masturbieren, in ihrer ganzen Hässlichkeit ausgedruckt zu lesen sind. Ein Gast nach dem anderen machte sich Luft über:
Die *Scheiß*verklemmtheit mancher Pfaffen!
Die *Scheiß*verlogenheit in der Werbung!
Die *Scheiß*freundlichkeit der Wiener, die mehr verletzt als Grobheit.
Und man steigerte sich. Es wurden volksnahe Sprichwörter zitiert:
Es sagte die Klofrau: Scheiße bleibt Scheiße, auch wenn sie vom Präsidenten ist.
Auch dem Kanzler scheißt die Fliege auf die Nase!
Rezzori sagte: „*In meiner Heimat – der Bukowina – sagt man: Stecke deine Hand in ein anderes Gewissen, ziehst du sie heraus, ist sie beschissen.*"
Wir waren uns einig, dass man das Wort *Scheiße* als wertvolles Ventil für die seelische Gesundheit hemmungslos gebrauchen sollte. Ein anwesender Musikkritiker, der nicht nur wegen der Affäre zwischen Margot und Gregor, sondern wegen dessen charmanter Präsenz verstimmt war, sagte pikiert:
„*Ich verstehe nicht, wie man sich in diesem Kreis die ganze Zeit über Exkremente unterhalten kann ...*"
Darauf sagte Margot trocken:
„*Ach weißt du, Joachim, in deiner Gegenwart ist uns nichts Besseres eingefallen.*"

Das Menschenweib trägt seine Brustdrüsen auf der Spitze eines beim aufrechten Gang weithin sichtbaren Hügels, welcher bei Tag das Geschlecht des Trägerorganismus signalisiert und in der Dunkelheit dem Tastsinn die gleiche Aukflärung vermittelt. *

Der Begründer der Logotherapie, Viktor Frankl, sagte: „*Die Anschaffung eines sündteuren Cabriolets symbolisiere die Sehnsucht nach einer offenen Geliebten …*“
Eine gewagte Feststellung, die uns Frauen die kessen Flitzer mit anderen Augen sehen lässt. Ich werde den Verdacht nicht los, dass dieser, mit materiellen Gütern gesegnete Mann ein an Gefühl und Fantasie armes Geschöpf sein muss. Während sein Bleifuß den Motor aufheulen lässt, verstummt sein Mund. In seinem Beschleunigungswahn rast er an der auf einen Seufzer oder ein Lächeln wartenden „*offenen Geliebten*“ vorbei.

ꝏ

In Wien gibt es seit hunderten Jahren eine Institution, die jeder kennt, die aber nur mit einem verächtlichen Lächeln erwähnt wird. Das *Stundenhotel.* Es gibt diese Einrichtung für *Kurzzeitliebende* in allen Bezirken der

* Aus dem sexualwissenschaftlichen Werk von W.G. Friedenthal

Weltstadt, vom feudalsten Chic bis zum muffigsten Kabinett; von Molnar bis Polgar und vielen anderen Wiener Autoren wurden diese Häuser in Theaterstücken und Geschichten immer wieder, und in allen Facetten, beschrieben. Die Affären, die sich dort abspielten, schickten damals einen verruchten Schauer über den Rücken der so genannten anständigen Frauen. Damals …

Obwohl ein netter Mann mir erst kürzlich sagte „*Was,* **die** *hältst du für anständig? Ich sah sie letzthin in ein Stundenhotel hineingehen …*“, bin ich der Meinung, dass sich viel mehr anständige als unanständige Frauen für ein paar starke Liebesstunden in ein Stundenhotel begeben.

Autoren von heute beschreiben diese Treffpunkte, wo man sich unbehelligt der Lust im McDonald's-Schnellverfahren hingeben kann, kaum noch, obwohl sich dort immer noch kleine Dramen à la Arthur Schnitzler abspielen.

Wie das Erlebnis meiner Freundin Nora* beweist.

Sie feierte mit ihrem Ehemann den zwanzigsten Hochzeitstag im weltberühmten Rindfleischtempel Plachutta, an der Wiener Ringstraße. Man genoss den *Tafelspitz,* den perfekt gekühlten *Grünen Veltliner,* und bestellte als Nachtisch einen *Mohr im Hemd.* Die beiden versuchten sich mit angestrengt guter Laune zu unterhalten. Noras Mann Ernst, ein Professor an der montanistischen Universität, vergrub sich in bergbaulichen Problemen. Humor war nicht seine stärkste Seite. Ernsthaft versuchte Ernst, Nora den Sinn und Unsinn einer Diskussion in der EU über rassistische Bezeichnungen wie zum

* Namen von der Autorin geändert

Beispiel *Mohr im Hemd* oder *Negerbusserl* zu erklären, da spürte Nora die Blicke eines jungen Mannes vom Nebentisch. Sie empfand ihn als jung, denn für jede 48-jährige Frau ist ein ungefähr 30-Jähriger jung.
„Mannomann", dachte sie, „das wär mal was ..."
Der dunkelhaarige, schlanke Tischnachbar sprach im geschäftlichen Ton mit seiner Begleiterin, einer molligen Blondine, hübsch, teuer gestylt und offensichtlich seine Partnerin, denn Nora erkannte Sprachfetzen wie *Catering – Ambiente – Lieferzeit ...*
Wie sie später erfuhr, war es tatsächliche seine Geschäftspartnerin, aber auch seine Ehefrau.
Während Nora vorgab, ihrem Ernstl aufmerksam zuzuhören, wanderten ihre Augen wie beiläufig zum Nebentisch. Der junge Mann quittierte ihren Blick mit einem kleinen Lächeln. Mit einem unmerklichen Nicken ergriff er sein Glas und trank Nora zu. Als Nora und Ernst den Tisch verließen, folgte ihnen der junge Mann zu der kleinen, immer überfüllten Garderobe. Ernst half Nora in den Mantel. Der junge Mann bückte sich, hob einen Schal auf und sagte:
„Entschuldigung, gnädige Frau, ist das Ihr Schal?"
„Nein", sagte sie überrascht, *„er gehört nicht mir ..."*
Er hatte ihre Hand mit dem Tuch nur gestreift, aber sie spürte bei der Berührung eine kleine Karte, die sie geschwind in ihrer Manteltasche verschwinden ließ.
Zuhause, im Badezimmer, las sie:

Mag. David Brunner
Eventmanager

Neben der Handynummer stand handschriftlich:
Bitte, bitte rufen Sie mich an!
Sie versteckte die Nachricht in der Packung *Wechseljahre ohne Beschwerden* und ließ sich beim Abschmin-

ken und Zähneputzen viel Zeit. Ernstl hatte ihr wie immer ein Gutenachtbusserl gegeben, und war wie immer müde.

Aber Nora konnte lange Zeit nicht einschlafen. In Gedanken an den smarten Tischnachbarn tanzten ihre Sexualhormone Samba. Ihre Brustwarzen wurden steif und ihre Liebesschnitte feucht. Ernst schnarchte bereits leise vor sich hin. Nora liebte ihren Mann und er war in den langen Jahren der Zweisamkeit zu ihrem besten Freund geworden. Ihre eheliche Harmonie wurde von allen Freunden beneidet, und Nora hatte keinen Grund, an Ernstls Treue zu zweifeln. Ab und zu half er sich selbst und blieb länger als nötig in der Badewanne. Sie führte also eine perfekte Ehe.

Aber plötzlich war alles anders.

Denn alles verlief so, wie es in hunderttausend anderen Ehen verläuft …

Man trifft jemanden – man verliebt sich – man geht in ein *Stundenhotel.*

Nora hatte für dieses Treffen lediglich den Nachmittag frei. Die Kinder waren in der Musikschule, und Ernstl kam erst gegen 18 Uhr nach Hause. Er bemerkte nicht, dass sie sich verändert hatte, und weswegen. Wie immer sprach er von seinen Geschäften, ließ sich nach dem Nachtmahl noch von einem Krimi im Fernsehen berieseln, und dann kam das übliche Gutenachtbusserl.

Nora war müde, wie anstrengend doch ein junger Liebhaber war. Ihre Mutter hatte immer gesagt: „*Gute Liebhaber sind schlechte Ehemänner …*“, und während sie darüber nachdachte, warum nur Männer jüngere Frauen haben dürfen, war sie schon eingeschlafen.

Die gestohlenen Stunden im Stundenhotel bedeuteten ihr viel, denn David war zärtlich und leidenschaftlich.

Bei ihrem dritten Besuch hatte der Portier bereits denselben Zimmerschlüssel mit einem *„Küss d'Hand, die Herrschaften …"* bereitgehalten und die 70 Euro, die David ihm gab, ohne Kommentar in der Rocktasche verschwinden lassen. Alle Gäste vermieden es tunlichst, sich länger als unbedingt nötig an der Rezeption aufzuhalten. Hier lautete die Devise: So schnell als möglich, und vor allem *ungesehen* von anderen Gästen, ins Liebesnest zu kommen.
Wenn alle Spielarten durchgespielt waren und beide glücklich und erschöpft nebeneinander lagen, sprach David immer wieder davon, wie sehr er sich eine lange Nacht mit Nora wünsche. Eine Unmöglichkeit. Er sprach auch von seinem Beruf, der ihn und seine Frau total ausfülle und in dem man sich keine Feinde machen dürfe. Um lukrative Aufträge von Großveranstaltern zu bekommen, bedürfe es heutzutage einer fast militärischen Strategie. Das Angebot, ein *Catering* eines Vierhaubenkochs zu arrangieren, entlocke den Geldgebern nur noch ein müdes Lächeln. Sprachliche Flexibilität sei gefragt. Er spreche Englisch, seine Frau Französisch und Italienisch. Damit habe er die zahlreichen Botschaften in Wien als exklusive Kunden gewinnen können und sei allen anderen Konkurrenten voraus. Nora bewunderte ihn geziemend und sagte leise: *„Ich spreche Urdu …"*
David lachte laut auf.
„Was sprichst du?"
„Urdu – ich bin in Karachi geboren. Mein Vater war dort jahrelang an der österreichischen Botschaft beschäftigt."
David schwieg. Sein Kopf ruhte in Noras Armbeuge und er spielte versonnen mit dem Anhänger an ihrer Kette, die sie nie ablegte.

„Was ist das eigentlich?", fragte er. Der Anhänger war eine kleine Hand, die eine Art von Schwert hielt.
„Ist das ein Dolch, um mich zu erstechen?"
„Wieso?", lachte Nora. *„Das ist die Hand von Gott Indra, der den Blitz trägt. Meine Kinderfrau in Karachi schenkte ihn mir zum Abschied. Er ist mein Talisman."*
David blieb stumm.
„Woran denkst du?"
„An uns …"
„Was meinst du damit?"
„Ich meine, du könntest das Highlight meiner Firma sein. Wenn die indische Botschaft mir einen Auftrag erteilen möchte und du in Urdu verhandelst, haben wir den Auftrag in der Tasche. Und die Inder haben Geld – viel Geld …"
„Du meinst, ich sollte bei dir angestellt sein?"
„Warum nicht? Ich zahle nicht nur damit …", und er drückte ihr sein Gemächt gegen die Schenkel.
„David, das ist doch illusorisch. Was soll ich meinem Mann sagen und du deiner Frau?"
„Ich denke, man sollte es ganz professionell angehen. Welche Zeitung lest ihr?"
„Wir haben den Kurier abonniert."
„Gut so. Dann erscheint am Wochenende im Kurier unter ‚Stellenangebote' ungefähr folgendes: Renommierte Eventfirma sucht stundenweise Mitarbeiterin. Perfekte Sprachkenntnisse in Urdu und Englisch Bedingung."
„Du bist verrückt! Ich soll in dein Büro kommen und mich bewerben?"
„Warum nicht? Ich werde dich zusammen mit meiner Frau empfangen, testen und anstellen."
„Aha, du wirst mich testen – in Urdu – oder gibt es da noch andere Möglichkeiten?"

„Wir werden viel mehr Möglichkeiten haben, viel mehr als jetzt in diesen kurzen Stunden, aber lass das meine Sorge sein!"
Tatsächlich stand in der Wochenendausgabe der Zeitung das Inserat. Nora zeigte es lachend ihrem Mann, der positiv reagierte.
„Warum nicht? Das wäre doch eine interessante Herausforderung für dich!"
Nora, obwohl elektrisiert von der Möglichkeit, mit David länger als bisher zusammen zu sein, zögerte absichtlich.
„Ach, ich weiß nicht ... es ginge ja nur vormittags, wenn die Kinder in der Schule sind."
Aber Ernst wischte ihre Bedenken mit einer Handbewegung weg.
„Antworte den Leuten, dann sehen wir weiter."
David hatte seiner Frau erklärt, dass es für ihr Geschäft wichtig sei, jemanden zu beschäftigen, der in fernöstlichen Sprachen versiert sei. Sie dachte an Chinesisch, aber David erklärte ihr, dass schon sehr viele Chinesen Deutsch und etliche Österreicher Mandarin sprechen.
Als David seine Mailbox abrief, traute er seinen Augen nicht. Außer Noras Bewerbung und Ansuchen schrieb ein Mann in perfektem Deutsch. Er gab an, Urdu und Englisch in Wort und Schrift perfekt zu beherrschen.
Um keinerlei Misstrauen bei seiner Frau aufkommen zu lassen, bestellte David beide telefonisch zu einem Vorstellungsgespräch. Den männlichen Bewerber für den Nachmittag und Nora zwei Tage später.
An diesem Nachmittag betrat ein 25-jähriger Mann sein Büro. David saß hinter seinem Schreibtisch und als er den Besucher sah, presste er seine Fingerspitzen an die Schläfen, wie ein Hellseher vor der Erleuchtung. Er fühlte sich,

als wäre er vom Blitz des Gottes Indra getroffen worden. Vor ihm stand ein junger Omar Sharif, ein sephardischer Prinz, ein orientalischer Dressman.

„Mein Name ist Gunnar-Lambodar Holm. Meine Mutter kommt aus Hyderabad, und mein Vater aus Hamburg."

Der Mann mit den hanseatisch-hinduistischen Vornamen machte eine kleine, korrekte Verbeugung und David deutete auf den Stuhl vor seinem Schreibtisch. Während David sich nicht satt sehen konnte an der attraktiven Schönheit des Halbinders, spürte er seine Ausstrahlung fast körperlich. Er rettete sich in die üblichen Floskeln:

„Erzählen Sie mir etwas über sich ... was sind Ihre Pläne ... was erwarten Sie von diesem Job ...?"

Gunnar lächelte David an, legte die Fingerspitzen seiner schmalen, zartbraunen Hände aneinander und sagte:

„Falls ich bei Ihnen die Möglichkeit habe, manchmal in meiner Muttersprache zu arbeiten, bin ich ganz bei Ihnen ..." Und damit richtete er seine mandelförmigen Rehaugen treuherzig auf David.

In diesem Moment betrat Davids Frau das Büro. Gunnar erhob sich sofort.

„Meine Frau ...", sagte David, und Gunnar beugte sich mit einem angedeuteten Handkuss über ihre Hand. Als David das sah, schoss eine Welle der Eifersucht in sein Herz. Es war nicht die Angst, seine Frau könne dem Charme des jungen Inders erliegen, es war vielmehr die Erkenntnis, er – der coole Eventmanager, der seine Affären mit zumeist älteren Frauen diskret erledigte –, er hatte sich in einen Mann verliebt. Irritiert schob er einige Papiere auf seinem Schreibtisch hin und her und sagte gewollt beiläufig:

„Meine Frau und ich treffen alle Entscheidungen für unsere Firma gemeinsam …“
„Oh“, sagte Davids Frau, *„ich denke, es ist schon alles abgesprochen?“*
„Nein, ja“, stotterte David, *„da wär’ noch das Finanzielle …“*
An dem Tag, als Gunnar-Lambodar Holm als offizieller Mitarbeiter der Eventfirma aufschien, erhielt Nora ein Schreiben der Eventfirma Brunner, in dem man bedauerte, dass die Stelle bereits besetzt sei. Sie verstand die Welt nicht mehr. Wo blieben Davids kleine verschlüsselte SMS, warum kreuzte sein BMW nicht *zufällig* ihren Weg, wenn sie die Kinder an der Schule abgesetzt hatte? Hatte seine Frau ihr Verhältnis entdeckt? Was war passiert? Sie zeigte ihrem Mann die briefliche Absage und meinte verkrampft lächelnd:
„Urdu ist offensichtlich IN!“
Ernst setzte zu einem Monolog an, in dem er den Turm der UNO-City, an der Donau, mit dem Turm zu Babel verglich und diesen Vielsprachensilo als Wahrzeichen der Stadt, neben dem Wiener Stephansturm, rühmte. *„Dort spricht man alle Sprachen der Welt, kränke dich nicht“*, tröstete er Nora.
Sie aber erinnerte sich bei seiner Suada daran, dass David ihr niemals die drei kleinen, dummen Worte *„Ich liebe dich“* zugeflüstert hatte. Und sie? Hatte sie geliebt? Ihre Mutter hatte immer gesagt: *„Treue kann sich in Betrug, und Liebe in Hass verwandeln.“* Nein, sie hasste David nicht. Nora war eine kluge Frau. Sie wusste, was gestern noch ein Schock war, konnte bald schon wie ein Scherz empfunden werden.
Nora tat das, was alle Frauen nach einer verlorenen Schlacht tun sollten: Sie machte sich chic, stopfte ihre

Bankomatkarte in ihre Handtasche und ging, um sich zu verwöhnen. Sie liebte es, durch die alten Seitengassen von Wien zu schlendern. In den Boutiquen, mit ihren winzigen Schaufenstern, prunkte ein einsames, sündteures Modell. Im legendären Café Central, das wieder einmal überfüllt war mit japanischen Touristen, trank sie ein Glas Prosecco, spazierte weiter über die Wipplingerstraße, bis sie zum Tiefen Graben kam. Auf der Brücke blieb sie stehen und sah hinunter auf die Jahrhunderte alte Stätte. Hier hatte Kaiserin Maria Theresia ihre Tugendspitzel abgeordert. Sie hatten die Aufgabe, das *Schmuckverbot,* das die Kaiserin für Bürgerliche erlassen hatte, zu kontrollieren. Wenn die Wiener Wäschermädeln mit ihren Körben die Wäsche austrugen, wurden sie auf der Brücke angehalten, untersucht und fallweise bestraft. Noras Blick fiel auf das schönste Haus im Tiefen Graben, das „Hotel Orient". Wien exklusivstes *Stundenhotel.* Luxus und Luxuspreise eilten seinem Ruf voraus. Sie lächelte bei dem Gedanken an das gemütliche Stundenhotel, das sie immer mit David aufgesucht hatte. Ihr Lächeln erstarrte, als sie zwei Männer bemerkte, die aus dem Hotel traten. Es war David Brunner, in Begleitung eines grazilen, jungen Mannes mit milchschokoladefarbigem Teint.
Sie dachte: *Der Mensch ist ein Abgrund, mich schaudert, wenn ich hinab seh' …* *

Wo hatte sie das nur gehört – wo gelesen?

* Woyzek/ Büchner

Topsy Küppers

Alle Träume führen nach Wien

Eine Skizze von Salvdor Dali, 1949 – ein Geschenk des Künstlers an Vera Kálmán.

CHANSON VIENNE*

Chanson Vienne sing ich für dich,
Chanson Vienne erinnert mich.
Chanson Vienne, ein Souvenir
für eine Nacht, die wir verbracht ...

Du sagtest: „*Excuse, Madame –*
isch kom comprendre? aus Marseille ..."
Ich sagte: „*Tut mir leid, Monsieur,*
je ne parle pas français ..."
Du lachtest lautlos ohne Ton,
ich sah dich an wie einen Sohn,
denn du warst jung und voller Charme –
da griffst du schon nach meinem Arm.
Ich sagte: „*Was fällt Ihnen ein,*
ich könnte Ihre Mutter sein!"
„*Dann wäre isch der Ödipus und gäbe Sie –*
baiser – eine Kuss."
Das sagtest du so nebenher,
als wenn es selbstverständlich wär'.
Ich musste lachen über dich, und spürte –
jetzt verlier' ich mich ...

Chanson Vienne, es kommt die Zeit,
ein stiller Wunsch wird Wirklichkeit.
Chanson Vienne, ein Wienerlied,
das irgendwie geschieht.

---

* Musik: Willy Fantel

Wir gingen durch das alte Wien.
Du warst begeistert, wie mir schien.
Beim Demel tranken wir Kaffee,
und du nahmst drei Vanillebaiser.
Und auf dem Michaelerplatz,
da sagtest du mit einem Satz:
„Isch bin verrückt, Madame, i
n Sie – je t'aime Madame, ich lieben Sie!
Vergessen Sie der Contenance,
Sie geben bitte ein Chance?"
Ich war geschmeichelt und verwirrt,
dann sagte ich etwas geniert:
„Mein junger Freund, Sie irren sich –
mein Alter spricht doch wohl für sich?"
„Isch zähle keine Jahre nischt –
isch sehe Ihre Augenlischt …"

Chanson Vienne, Erinnerung,
an eine Nacht, die wir verbracht.
Chanson Vienne, man gibt sich hin,
und doch bleibt man die Siegerin.

Wir gingen in das alte Haus.
Es sah von außen triste aus.
Und in dem Zimmer voller Plüsch,
da legte er den Arm um mich.
Ich spürte, laut klopfte sein Herz,
und machte drüber einen Scherz.
Mit ernstem Blick sagte er leis':
„Oui – isch bin nervös, Chérie, ich weiß …
doch glaube isch, das ist normal,
wenn man amour erstes Mal …"
Zum ersten Mal? Da wusste ich –

ich war die erste Frau für dich.
Wir liebten uns mit Zärtlichkeit,
vergessen Alter, Ort und Zeit.
Von draußen warf ein Neonlicht
zartrosa Schatten auf's Gesicht.

Chanson Vienne, ja ich bekenn',
dass man sein Alter gern vergisst.
Chanson Vienne, ich weiß es, denn
mich hat ein junger Traum geküsst.

Chanson Vienne, ein letzter Kuss,
ein Veilchenstrauß, als Abschiedsgruß.
Chanson Vienne – kein Blick zurück –
Adieu – Lebwohl – ich wünsch' dir Glück ...*

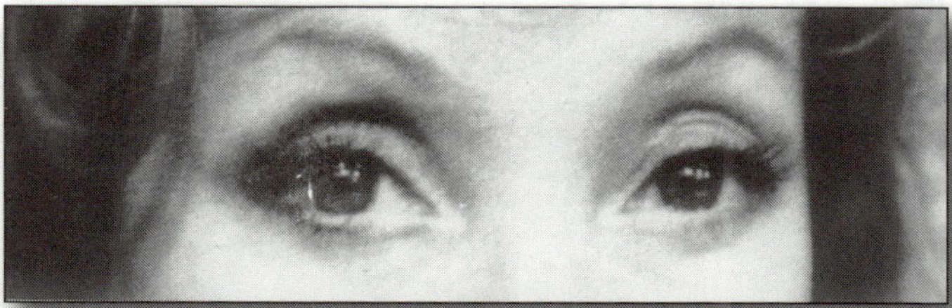

So sind die Frauen - sind sie so?

---

* Musik: Willy Fantel

Topsy Küppers

Alle Träume führen nach Wien

Ibera

LIEBE IST NIEMALS HARMLOS!

Sie ist eine Energie, die Ungewöhnliches hervorbringen kann, eine Energie, die etwas bewirken kann, das wiederum Folgen nach sich zieht, mit denen niemand gerechnet hat.
In diesem Tatsachenroman werden die Handlungen der Personen um Vera Kálmán – der Witwe des großen Operettenkomponisten Emmerich Kálmán, die sich in Liebe, Haß, Eifersucht und Resignation verstricken, noch übertroffen von den Ereignissen, die, beginnend mit der russischen Revolution in Petersburg, über Berlin, Paris, Hollywood nach Wien führen.
Wie ein feines Netz sind die Schicksalsfäden berühmter Politiker und Künstler lebenslang verknüpft, und es scheint, als habe eine Frau von atemberaubender Schönheit, aber auch mit Gerissenheit und Mut, diese Fäden in der Hand.
Frech, witzig und traurig zugleich, aber immer authentisch und wahrhaftig ist dieses Buch, dessen Inhalt auf Tonbandprotokollen, Videoaufzeichnungen, Recherchen und Gesprächen der Autorin mit Zeitzeugen beruht.
Zahlreiche, bisher unveröffentlichte Fotos und Dokumente bereichern eine Biographie, die in faszinierender Weise das Leben und Lieben jüdischer und christlicher Menschen beschreibt.

TOPSY KÜPPERS
Die Zunge
der Kultur
reicht weit
Texte & Lieder von ERICH KÄSTNER
Der Erlös dieser CD kommt dem Erich Kästner Kinderdorf zu Gute

Topsy Küppers:

Die Zunge der Kultur reicht weit

Lieder und Texte von Erich Kästner

In unserer Kästnerwoche 2006 entstand während eines Gespräches mit Topsy Küppers und ihrem Pianisten Florian Schäfer ein wunderbarer Traum – eine CD mit Texten von Erich Kästner, die die ganze Vielfalt seines Werkes und seiner Gedanken zeigen soll.

Dieser Traum ist nun binnen eines Jahres Wirklichkeit geworden. Entstanden ist ein außerordentlich anrührendes Meisterwerk, auf dem sich unser heiß geliebter und verehrter Erich Kästner und die exzellente Topsy Küppers ein Stelldichein geben.

Diese CD bietet über eine Stunde Hörgenuss, ausschließlich Erich Kästner in Wort und Musik. Die Lieder in größtenteils neuen Kompositionen zeigen ein Werk, das immer zeitlos, spannend und wahr bleibt. In ein Gesamtkonzept eingebunden, vermitteln auch die Texte die teilweise auch unbekannten Seiten von Erich Kästner: Ein immer wacher Geist und ein Autor, der noch viele Generationen mahnen und erfreuen wird.

Gewidmet ist diese CD Kindern in Not und ihrem Mut, sich trotzdem auf das Leben einzulassen. Der Erlös kommt den Kindern des Erich Kästner Kinderdorfes zu Gute.

Wenn Sie die CD bestellen möchten, schreiben Sie an:
steinmuehle@erich-kaestner-kinderdorf.de
oder bestellen Sie unter www.kueppers.at.

Preis: 16.- Euro (zzgl. Porto)